Fisch- und Meeresfrüchte

VORWORT

KAUM ein anderes Lebensmittel bietet so viel »Gesundheit« wie Fisch. Das Fleisch der See- und Meeresbewohner ist leicht verdaulich, eiweißreich, meist fettarm und steckt voller Vitamine, Mineralstoffe und Spurenelemente. Fisch verzehren ist eine ideale Kombination von Genuss und Gesundheit!

DIESER Kompass gibt Ihnen wertvolle Unterstützung im Umgang mit diesem hochwertigen Nahrungsmittel. Er erleichtert Ihnen, sich im vielseitigen Angebot zu orientieren und die richtige Wahl zu treffen. Berücksichtigt wurden neben den gängigsten Salz- und Süßwasserfischen sowie Schal- und Krustentieren auch »neue« Fische, die erst seit einigen Jahren bei uns im Handel sind.

UND damit bei dieser Forschungsreise der Genuss nicht zu kurz kommt, geben wir Ihnen zu jeder Fischart Anregungen für ein besonderes Rezept. Das soll die Freude am gekauften Fisch verstärken und das Fischessen zu einer lieben Gewohnheit werden lassen. Denn wir Deutschen hinken im Fischkonsum immer noch weit hinter unseren europäischen Nachbarn her. Dabei ist die Frage des gesunden Fischverzehrs schon lange positiv beantwortet.

DESHALB: Mahlzeit, lieber Fisch !

WAS FINDEN SIE WO?

➤ Lebensmittel Fisch 4

➤ Einkauf Fisch 7

➤ Mengen für den Einkauf 11

➤ Die 10 Gebote für den Fischgenießer 13

➤ Fisch in der Küche 14

➤ Tipps zum Austausch von Fischen
untereinander 19

➤ Fisch servieren 20

➤ Fische & Meeresfrüchte von A–Z 22

➤ Auf einen Blick

   Frische Fischfilets 120

   Räucherfischprodukte 121

   Salzfische 122

   Kaviar 123

   Krustentiere 124

➤ Rezeptregister 126

➤ Impressum 128

LEBENSMITTEL FISCH

Mittlerweile weiß jedes Kind, dass der Verzehr von Fisch wegen seines hohen Jodgehalts wichtig für die Gesundheit ist. Doch es spricht sehr viel mehr dafür, Fischgerichte ein- bis zweimal wöchentlich auf den Speiseplan zu setzen. Das zarte Fleisch liefert lebensnotwendiges Eiweiß, zahlreiche Vitamine, Mineralstoffe, Spurenelemente und hochwertige Fettsäuren. Er ist aufgrund dieses idealen Nährstoffverhältnisses leicht verdaulich. Auch die Tatsache, dass Fisch quasi frei von Bindegewebe ist, trägt dazu bei: Der allumschließende Druck des Wassers macht einen aufwändigen Stützapparat aus Bindegewebe, Sehnen und Knorpel wie bei den Warmblütern überflüssig.

Als **Eiweißträger** übertrifft Fisch deutlich das Fleisch von Rind, Schwein, Geflügel und Co. Die Eiweißzusammensetzung ist entscheidend für die biologische Wertigkeit eines Lebensmittels. Dabei spielen die essentiellen (lebensnotwendigen) Aminosäuren, einzelne Eiweißbausteine, eine große Rolle. Fischfleisch enthält ein sehr breites Spektrum verschiedener Aminosäuren. Gibt man der biologischen Wertigkeit von Muttermilch einen Wert von 100, dann erreicht das Fleisch von Seefischen eine Wertigkeit von 93, während das Fleisch von Warmblütern nur bei 87 liegt. Ein halbes Pfund Fischfilet deckt den Tagesbedarf des Menschen an Eiweiß zu über 70 Prozent.

Eiweiß ist als Ausgangssubstanz für den Aufbau von Körperzellen, Geweben und Hormonen unverzichtbar. Fisch versorgt den Körper zusätzlich mit gesundheitsfördernden Fettsäuren, mit denen er bei der durchschnittlichen westeuropäischen Ernährung oft unterversorgt ist.

Fischfett enthält viele ungesättigte Fettsäuren. Eine besondere Bedeutung haben die µ-3-Fettsäuren, die in anderen tierischen Produkten gar nicht und auch nur in wenigen pflanzlichen Lebensmitteln enthalten sind. Sie sind als Funktionsstoffe für Herz, Herzrhythmus, Blutdruck, Hormonsystem, für eine geschmeidige Haut sowie andere lebenswichtige Funktionen unverzichtbar. Die meisten Fische sind eher fettarm, doch fettreichere Sorten aus Kaltwasser-Regionen wie Hering, Lachs und Makrele liefern besonders viele µ-3-Fettsäuren. Sie beeinflussen den Cholesterinspiegel positiv und werden zur Vorbeugung von Herz-Kreislauf-Erkrankungen empfohlen.

Der Fettgehalt der Fische schwankt von Art zu Art:

Magere Fische enthalten nur bis zu 1 Prozent Fett, dazu gehört die große Familie der dorschartigen Fische, wie z.B. Seehecht, Kabeljau, Seeteufel, Flunder, Hecht.

Mittelfette Fische haben bis zu 10 Prozent Fettanteil. Dazu zählen z.B. Rotbarsch, Steinbutt, Sardine, Forelle, Renken.

Fette Fische wie Hering, Lachs oder Makrele enthalten mehr als 10 Prozent Fett in 100 g verzehrbarem Anteil.

Außerdem unterliegt der Fettgehalt von Fischen auch den jahreszeitlichen Reifezyklen der Arten. So ist ihr Fettgehalt im Herbst besonders groß, denn da haben sie für den Winter viel Fettreserven zugelegt. Beispielsweise weisen Makrelen im Dezember einen Fettanteil von 35 Prozent auf, während er im März auf 3 Prozent zurückgeht. Der Hering besteht zu Beginn der Laichzeit im April aus bis zu 70 Prozent Fett. Der Fortpflanzungsvorgang zehrt jedoch stark an den Fettreserven der Fische, der Fettanteil sinkt danach auf 3 Prozent ab.

Vitamine sind in Fischen reichlich vorhanden. Vor allem fettreichere Arten trumpfen mit hohen Konzentrationen der fettlöslichen Vitamine A, D und E auf. Eine Portion Hering beispielsweise deckt mehrfach den Tagesbedarf des Menschen an Vitamin D, ein wichtiges Vitamin für gesunde, stabile Knochen. Da Vitamin A und D vor allem in der Fischleber enthalten sind, wird aus dieser der extrem Vitamin-A-reiche Lebertran gewonnen.

Seelachs, Rotbarsch, Tunfisch, Hering und Makrele weisen einen sehr hohen Gehalt an Vitamin B12 auf. Vitamin B12 ist wichtig für die Bildung roter Blutkörperchen und sorgt für ein gesundes Nervensystem.

Auch die **Mineralstoffe** Magnesium, Kalium, Phosphor, Eisen und Selen stecken in größeren Konzentrationen im Fischfleisch. Das Fleisch von Seefischen liefert besonders viel Jod. Die mangelhafte Versorgung mit diesem Spurenelement führt bei jedem dritten Bundesbürger zu Erkrankungen der Schilddrüse. Schon der Genuss von 200 g Schellfisch deckt den Jod-Bedarf von zwei Tagen. Süßwasserfische sind eher jodarm, dafür enthalten ihre dunkelbraunen Muskelpartien reichlich Eisen.

Der Gehalt an toxischen Stoffen bzw. **Schadstoffen** in Seefischen ist unkritisch: Die Rückstände liegen erheblich unter den zugelassenen Höchstwerten. In der Nordsee führte die geringere Schadstoff-Einleitung der Elbe zu einer Verbesserung der Fischqualität. Bei Meeresfrüchten wie Miesmuscheln ist zu bedenken, dass diese Tiere das Wasser filtern, unweigerlich also Schadstoffe aufnehmen. Dennoch müssen Sie keine Bedenken haben. Die Miesmuschel ist eine der am besten kontrollierten Meeresfrüchte. Die Schadstoffbelastung bei den Süßwasserfischen ist zu einem Problem geworden. Derzeit liegen die Rückstandsmengen von chlorierten Kohlenwasserstoffen und Schwermetallen jedoch noch im »grünen« Bereich.

EINKAUF FISCH

Frischfisch nennt der Experte Fische, die auf See gefangen und an Bord auf Eis gelegt werden. Die Frische dieser Ware hängt von der Länge der Fangreise ab. Generell liegt dieser Fisch in der Qualitätsskala ganz oben.
Der Kauf von Frischfisch ist ganz einfach, wenn man sich vorher über einige Punkte klar wird:
Fisch ist ein Saison-Produkt, deshalb kann es passieren, dass die gewünschte Sorte schon ausverkauft oder gar nicht erhältlich ist.

Sorgfalt bei der Wahl des Fischhändlers

- Der Händler muss den Fisch so präsentieren, dass der Käufer ihn gründlich ansehen kann. Besonders viele Lampen über der Ware dienen nur dazu, auch betagtere Meeresvertreter in bestem Licht erscheinen zu lassen.
- Wenn sich unter dem Fischstand auf einem Markt viel Wasser angesammelt hat, ist das ein Hinweis darauf, dass schon viel Wasser über den Fisch gekippt wurde, um den Eindruck von Frische zu erzeugen.
- Suchen Sie sich einen Fisch genau aus und lassen Sie sich kein anderes Exemplar andrehen – es sei denn, Sie kaufen bei einem Händler Ihres Vertrauens, dann beachten Sie seinen Rat. Er möchte nämlich, dass Sie wiederkommen.
- Es darf im Laden oder am Marktstand nicht übel nach Fisch riechen – guter Fisch stinkt nicht.
- Unter den Fischen muss in jedem Fall genügend Eis liegen – das ist besonders bei Marktständen wichtig, da sonst die Kühlkette unterbrochen wird. Das Schmelzwasser muss abfließen können, denn der Fisch darf nicht darin schwimmen.

Sorgfalt bei der Auswahl der Fische

• Glänzende Haut – am besten soll der Fisch noch einen leicht schleimigen, aber klaren Belag haben, so als wäre er mit ganz feinem Gelee überzogen – ein sicheres Zeichen für Frische.

• Keine Dellen am Körper – zieht man bei einem derart beschädigten Fisch, z. B. bei der Seezunge, die Haut ab, kann der Fisch hässliche, dunkelrote Stellen aufweisen. Ein Zeichen dafür, dass er bei Fang und Transport nicht vorsichtig genug behandelt wurde.

• Drückt man mit dem Finger die Haut ein, muss die Stelle sofort wieder glatt werden, andernfalls ist der Fisch nicht frisch.

• Keine Verfärbungen der Haut – darunter können sich Blutergüsse und Geschwüre befinden.

• Klare, glasig hervortretende Augen – so ein richtiger »Basedow-Blick«, keine trüben, eingefallenen Augen.

• Kräftig rote Kiemen (hinter dem Kopf) ohne Schleim und Verfärbungen – die einzelnen Blättchen sollen klar erkennbar sein.

• Am besten ganze Fische kaufen und dann nach den eigenen Wünschen zuschneiden (parieren) lassen. Das empfiehlt sich besonders für teure Fische bzw. solche, die kompliziert vorzubereiten sind, wie z.B. Seeteufel oder Seezunge.

• Ganze Fische nur mit Kopf und Kiemen kaufen – denn lange gelagerte Ware wird oft von diesen eindeutigen Erkennungszeichen »befreit«.

• Der küchenfertige Fisch sollte in der Bauchhöhle keine Innereien und Blutgerinnsel mehr enthalten

Tiefgekühlter Fisch wird unmittelbar nach dem Fang noch auf See küchenfertig ausgenommen, meist filetiert und sofort auf minus 18 Grad schockgefroren. Diese Kühlkette muss vom Schiff über die Anlandung und den Einzelhandel bis zum Verbraucher strikt eingehalten werden. Abweichungen sind nur bis 3 Grad nach oben zulässig.

Die Qualität von Tiefkühlfisch ist allerdings auch für den Fachmann nur schwer zu erkennen. Was seine Frische angeht, ist der schockgefrorene Fisch dem Frischfisch allerdings überlegen. Im Geschmack ist er grundsätzlich milder und schmeckt weniger fischig als frischer Fisch, der oft lange auf Eis lag.

Nach dem Auftauen muss tiefgekühlter Fisch sofort verarbeitet werden, da er rapide an Qualität verliert. Einfrieren sollte man ihn nicht noch einmal.

Die großen Produzenten von Tiefkühl-Produkten haben akkurate Qualitätskontrollen, allerdings besteht die Gefahr, dass der Fisch verderben kann, weil die Kühlkette zwischen Lebensmitteleinzelhandel und Verbraucher nicht eingehalten wird. Tiefkühlfisch deswegen unmittelbar nach dem Einkauf wieder ins Tiefkühlfach legen bzw. sofort verarbeiten.

Räucherfisch wird in zwei Varianten angeboten: Heiß geräuchert kommen Stremellachs, Bücklinge (große Heringe), Kieler Sprotten, Makrele, Schillerlocken, Forellen, Aal, Heilbutt, Maränen auf den Markt. Gute Fische erkennen Sie an der etwas goldig glänzenden Haut, die nicht faltig sein sollte. Beim Räucheraal gilt dieses Qualitätsmerkmal nicht, denn seine »Falten« können von hohen Räuchertemperaturen herrühren. Kaufen Sie möglichst keine Räucherfische auf Straßenfesten, diese Ware ist oft nicht ganz frisch.

Im Idealfall den Räucherfisch direkt beim Fischer in der Räucherkate kaufen. Wenn dann so ein Fisch noch warm aus dem Rauch kommt, ist das ein geschmacklicher Hochgenuss. Noch warm entwickelt der Fisch einen intensiven Rauchgeschmack und das Fleisch zergeht förmlich auf der Zunge.

Kalt geräuchert wird der edle Räucherlachs, dabei wird der Fisch nur knapp über 20° geräuchert. Der Fisch wird heute meist in elektrischen Öfen geräuchert. Der traditionelle Altonaer Räucherofen, der früher optisch und geruchsmäßig die Silhouette der Hafenstädte beherrschte, ist durch EU-Umweltauflagen bis auf wenige Ausnahmen verboten worden. Grundsätzlich sind Räucherwaren im Kühlschrank aufzubewahren. Allerdings verlieren sie schnell an Geschmack und werden unter Umständen wabbelig. Am besten also schnell verzehren.

Salzfische sind vorwiegend eingelegte Heringe, Matjes genannt, und das ganze Jahr über erhältlich – entgegen aller Matjes-Verkaufslegenden. Denn in Deutschland darf nur bereits einmal tiefgekühlter Hering zu Matjes verarbeitet werden. Der wohlschmeckendste, »richtige« Matjes kommt deshalb aus Holland, alljährlich im Frühsommer. Dort wird der jungfräuliche, noch nicht geschlechtsreife Hering mit Salz in Fässer gepackt und reift zum Matjes heran. Das erste Matjes-Fass des Jahres wird traditionell von der niederländischen Königin probiert.
In Deutschland wird der Matjes beim Händler im Kühltresen angeboten, aber nicht tiefgekühlt. Es gibt ihn auch eingeschweißt oder original im Fässchen, solche Angebote sind aber eher selten.

Matjes müssen fett sein, sie können in einer Salzlake liegen. Er sollte an den Rändern etwas rosig sein, keinesfalls zu graubraun. Dies ist ein Zeichen für unsachgemäße Lagerung. Matjes schmeckt zu Bratkartoffeln, kann aber auch zu Fischsalaten verarbeitet werden. Abgedeckt kann er einige Tage im Kühlschrank aufbewahrt werden. In Holland wird er am liebsten auf einem Brötchen mit Zwiebeln gegessen – oft direkt auf der Straße an einem der vielen Matjes-Stände in den Städten.

MENGEN FÜR DEN EINKAUF

Wie viel Fisch bzw. Meeresfrüchte Sie pro Person zubereiten sollten, lässt sich pauschal nicht sagen.

Für Meeresfrüchte gelten aufgrund des unterschiedlichen Schalenanteils ganz unterschiedliche Mengen – unterschiedlich wie die einzelnen Arten. Bei Miesmuscheln rechnet man beispielsweise mit 500 Gramm pro Person. Einen Hummer von 800 Gramm Lebendgewicht können sich dagegen zwei Esser bequem teilen.

Und was bleibt von einem Fisch?

Von einem 1 Kilo schweren küchenfertigen Zander bleiben Ihnen nur 44 Prozent verzehrfähiges Fischfleisch:

100 g	nicht verwertbare Abfälle
460 g	Abfälle (Kopf, Haut, Gräten), die für Fischfonds und -suppen verwendet werden können
440 g	schieres, pariertes Fischfilet ohne Haut.

Bei einem 650 g schweren Petersfisch ist die Fleisch-Ausbeute noch geringer, nur 26,2 Prozent der Gesamtmenge können als Filet verzehrt werden:

150 g	nicht verwertbare Abfälle
330 g	Abfall für Fond
170 g	Fischfilet

Nur geringfügig besser ist die Ausbeute bei einem 2700 g schweren küchenfertigen Steinbutt. 31 Prozent des Steinbutts bleiben nach dem Putzen als Filet übrig. Deshalb wird dieser Fisch auch nie als Filet vom Händler angeboten, der Kilopreis wäre einfach zu hoch.

60 g	nicht verwertbare Abfälle
1790 g	Abfälle für Fischfonds, -suppen, -saucen
850 g	reines Fischfilet

DIE 10 GEBOTE FÜR DEN FISCHGENIESSER

1. Iss' zwei- bis dreimal in der Woche Fisch oder wenigstens einmal weniger Fleisch.
2. Frage den Fischhändler, welcher Fisch gerade am besten schmeckt.
3. Kaufe nie Fisch, der nicht ausreichend gekühlt ist – Frischfisch muss auf Eis oder in einem Kühltresen liegen.
4. Kaufe nie Fisch, der nach Fisch riecht – guter Fisch riecht nur dezent nach Meer und Algen.
5. Kaufe möglichst keine Fische ohne Kopf, denn anhand seiner Augen kann man am besten die Frische beurteilen. Das ist leider nicht immer möglich, da immer mehr fertig filetierte Ware angeboten wird.
6. Kaufe Fisch wann immer möglich direkt vom Fischer oder Züchter – auch ein Umweg von mehreren Kilometern lohnt für einen qualitätssicheren Einkauf.
7. Kaufe nie mehr Fisch als in den nächsten 24 Stunden verzehrt werden kann.
8. Kaufe Fisch nicht nach Preis, sondern nur nach Qualität. Hohe Preise schützen genauso wenig vor einem Reinfall wie obskure Sonderpreise. Ausnahme: Saisonangebote – zum Beispiel beim Hering!
9. Frischer Fisch ist Dosenware und Tiefkühlprodukten aus geschmacklichen Gründen immer vorzuziehen.
10. Behandle die Ware Fisch mit Respekt, als ein Geschenk der Natur – wer weiß, wie lange es noch genügend davon gibt.

FISCH IN DER KÜCHE

Fische vorbereiten

Wir empfehlen Ihnen, den Fisch vom Händler küchenfertig
vorbereiten zu lassen. Von ganzen Fischen also je nach Wunsch
die Haut abziehen, Kopf und Flossen entfernen lassen. Auch
das Entfernen der Hauptgräte sollte dem Fachmann überlas-
sen bleiben. Denn diese Arbeit kann etwas »eklig« sein und für
Experimente ist Fisch eigentlich zu schade und zu teuer.
Für alle Fälle, falls man doch einen Fischfond braucht, die
Abfälle einpacken lassen. Aus den Fischresten kann man sehr
einfach einen Fond herstellen, das Rezept für einen selbst
gekochten Fischfond finden Sie auf Seite 15.

Fisch lagern

Da Fisch sehr schnell verderblich ist, am besten am selben Tag
verbrauchen. Zur Aufbewahrung auf jeden Fall in den Kühlschrank geben. Zuvor den Fisch vom Einwickelpapier befreien.
Falls der Fisch dann riecht, muss er noch nicht verdorben sein:
einfach unter fließend kaltem Wasser gründlich abspülen und
trockentupfen. Stinkt der Fisch immer noch, sollten Sie ihn
nicht essen. Fast immer riecht der Fisch aber nicht mehr,
dann in Alufolie wickeln und in den Kühlschrank geben.
Nach 24 Stunden sollte der Fisch verbraucht werden. Gebratener oder gedünsteter Fisch kann zwei Tage abgedeckt im
Kühlschrank gelagert werden.
Tiefkühlfisch kann mehrere Wochen im Frostfach gelagert
werden – siehe Packungshinweis.
Aufgetauten Tiefkühlfisch sofort verbrauchen, nicht wieder
einfrieren.

Küchengeräte für die Fischzubereitung

Zum Filetieren gibt es ein Spezialmesser mit Plastikgriff und einer langen, ganz schmalen Messerscheide.

Wichtig ist eine Allzweckschere, auch eine Geflügelschere, zum Abschneiden der Flossen.

Ein länglicher Fischtopf mit Einsatz ist sicherlich eine gute Investition.

Zum Entgräten empfiehlt sich eine nicht zu kleine Pinzette mit breiten Enden.

Fisch vorbereiten

Wenn Sie den Fisch selbst parieren, ausnehmen und schuppen, legen sie ihn am besten auf eine Lage Zeitungspapier. Hinterher einfach das Papier mit den Abfällen zusammenrollen und in einer verknoteten Plastiktüte zum Müll geben.

Fisch kochen

Dafür ist Fisch eigentlich zu schade, denn er büßt im kochend heißen Wasser seinen Geschmack ein. Deshalb den Fisch nur in etwa 70° heißem Salzwasser oder Fischfond ziehen oder simmern lassen. Rechnen Sie pro Kilogramm Fisch mit einer Garzeit von etwa 20 Minuten.

Für einen Fischfond müssen Sie den Fisch allerdings kochen:

Fischfond

1 kg Fischabfälle wie Köpfe, Flossen, Gräten
2 Stangen Staudensellerie
1/2 Lauchstange
1 Bund Petersilie
6 gehackte Schalotten

40 g Butter
6 zerdrückte Pfefferkörner
1 Lorbeerblatt
1 Prise Thymian
500 ml trockener Weißwein

Zubereitung

Fischteile abspülen, aus den Fischköpfen die Kiemen entfernen. Sellerie, Lauch und Petersilie putzen, waschen und in kleine Stücke schneiden. Die Gemüse in einer Kasserolle in Butter anschwitzen. Fischstücke und Gewürze dazugeben. Mit Weißwein ablöschen und mit 2 l Wasser auffüllen, 20 Minuten vorsichtig kochen lassen. Abschäumen und durch ein feines Sieb passieren. Den Fond eignet sich ideal zum Einfrieren.

Fisch braten

Fische am besten vom Händler ausnehmen, Köpfe, Schwanz und Flossen entfernen lassen. Vor dem Zubereiten Blutreste abspülen, Fisch trockentupfen. Mit Salz und Pfeffer würzen. Nach Geschmack in Mehl wenden. Bratfett oder Pflanzenöl in der Pfanne erhitzen, Fische hineinlegen – nicht zu viele auf einmal. Sie müssen in der Pfanne bewegt werden können, ohne dass sie aneinander stoßen. Wenn sie auf der einen Seite knusprig sind, vorsichtig mit zwei Bratenwendern auf die andere Seite drehen. Wenn beide Seite braun sind, noch ein Stückchen Butter auf die Fische geben. Kurz darin »schwimmen« lassen und sofort servieren.

Selbstverständlich kann man Fische auch nur in Butter braten, dazu sollte man die Butter in der Pfanne kurz aufschäumen lassen und dann den Fisch dazugeben. Vorsicht: Die Pfanne nicht zu heiß werden lassen, da sonst die Butter schwarz werden kann.

Verwenden Sie gutes und reichlich Pflanzenöl – Fisch muss schwimmen! Butter sollten Sie erst zum Schluss zur Verfeinerung zugeben. Olivenöl ist bedingt geeignet, da es nicht zu stark erhitzt werden darf. Unverzichtbar ist es allerdings für die Zubereitung gebratener Mittelmeerfische.

Panierten Fisch braten

Das Fischfilet abspülen und trockentupfen. Mit Salz und Pfeffer würzen. Je einen tiefen Teller mit Weizenmehl, aufgeschlagenem Ei, Paniermehl – am besten frisch aus trockenem Weißbrot hergestellt – bereitstellen. Reichlich Pflanzenöl – besonders empfehlenswert ist Rapsöl – in einer ausreichend großen Pfanne erhitzen. Die Filets zuerst im Mehl wenden, dann in Ei tauchen und im Paniermehl wenden. Sobald das Öl heiß genug ist – es muss ein wenig brodeln, wenn man die Gabel hineinsteckt – die Filets hineinlegen. Nach einigen Minuten die Hitzezufuhr reduzieren, damit der Fisch nicht schwarz wird. Die Fischstücke wenden, damit auch die anderen Seiten knusprig braun werden. Vom Herd nehmen, ein wenig Butter zugeben und den Fisch aus der Pfanne nehmen, eventuell auf Küchenpapier abtropfen lassen. Sofort servieren oder im vorgeheizten Ofen warm stellen.

Fisch pochieren/dünsten

Schonender als bei dieser Zubereitung in einem speziellen Fischtopf kann man Fisch nicht zubereiten. Pinseln Sie den Siebeinsatz mit Pflanzenöl ein, würzen Sie den küchenfertigen Fisch mit Salz und Pfeffer und legen ihn auf den Einsatz. Soviel Fischfond oder Salzwasser in den Topf geben, dass der

Einsatz nicht ganz bedeckt ist. In die Flüssigkeit Lorbeer und ein wenig Suppengrün geben. Aufkochen lassen und den Einsatz in den Topf hängen, Deckel auflegen und mit einem Küchenhandtuch zwischen den Topfgriffen fixieren. Die Dauer des Pochierens richtet sich nach der Größe des Fisches – dünne Filetstücke brauchen nur wenige Minuten, ein dicker Dorsch im Stück schon 15 Minuten, um gar zu werden.

Die Garzeit ist auch eine Geschmacksfrage, Sie sollten den Fisch jedoch nie zu lange garen. Denn dann fällt er auseinander und verliert stark an Geschmack. Den idealen Garpunkt erkennen Sie daran, dass das Filet innen noch ein wenig glasig ist. Bei ganzen Fischen wie dem Dorsch muss das Fleisch direkt an der Gräte noch fest sein, sonst ist das äußere Fleisch total zerkocht. Es erfordert sehr viel Fingerspitzengefühl und Erfahrung, einen Fisch auf den Punkt und ganz nach Geschmack zu garen.

Fisch beizen

Diese Zubereitungsmethode ist für Fische wie Lachs, Makrele, Hering, aber auch Forelle und Scholle gut geeignet.

Das küchenfertige Fischfilet ohne Gräten und Kopf mit einer Mischung aus 3 EL Salz, 1 EL Zucker und Pfeffer pro Kilogramm Gewicht von allen Seiten sorgfältig einreiben. Mit reichlich gehacktem Dill bestreuen, einen Spritzer Cognac dazu und in eine längliche Form legen. Mit Alufolie abdecken und mit einem Gewicht (ca. 1 kg) beschweren. Im Kühlschrank drei Tage ruhen lassen, zwischendurch den Fisch wenden. Nach dem Beizen herausnehmen und in dünne Scheiben schneiden. Dazu passt eine süße Senf-Sauce aus dem Glas (siehe auch das Rezept im Steckbrief »Lachs«).

Tipps zum Austausch von Fischen
untereinander

Innerhalb der einzelnen Gruppen von Fischen ist ein Austausch untereinander in der Regel problemlos.

1. vorwiegend weißfleischige Seefische
   Dorsch, Kabeljau, Schellfisch, Seelachs, Rotbarsch, Lengfisch
2. mediterrane Fische
   Knurrhahn, Rotbarbe, Goldbrasse/Dorade
3. fettreiche Fische
   Heringe, Sardinen, Sardelle, Makrele
4. Plattfische
   Steinbutt, Seezunge, weißer Heilbutt, außerdem die weniger teuren wie Scholle, Flunder, Rotzunge
5. Süßwasserfische
   Forelle, Maräne, Renke, Felchen, Saibling, Lachsforelle

Man kann die Fische auch aufgrund der Zubereitungsart austauschen, für die sie am besten geeignet sind.

Fische zum Pochieren
Dorsch, Kabeljau, Seelachs, Rotbarsch, Zander, Karpfen, Lachs, Lengfisch, Wolfsbarsch, Meeräsche, Saibling, Hecht

Fische zum Braten/Grillen, teils Panieren
Hering, Sardine, Makrele, Lachs, Seeteufel, Tintenfisch, Rochen, Waller, Zander, Flussaal, Forelle, Goldbrasse/Dorade, Rotbarbe, Dorsch, Kabeljau, Lengfisch, Petersfisch, Plattfische

Fische zum Beizen
Lachs, Makrele, Zander, Forelle, Lachsforelle

Fische zum Räuchern
Makrele, Forelle, Hering, Saibling

FISCH SERVIEREN

Fisch am Tisch tranchieren

Eine Seezunge beispielsweise auf eine vorgewärmte Platte legen, mit zwei Gabeln die äußeren Flossen abtrennen und entfernen. Von der Mittelgräte aus jeweils das Filet etwas lockern und nach außen schieben, indem man mit einer Gabel die Mittelgräte festhält und mit der anderen das Filet zum Rand bewegt.

Bei einer Forelle den Fisch auf die Seite legen, mit einem Bratenwender vorsichtig hinter dem Kopf oberhalb der Hauptgräte das Fleisch lösen und an der Gräte entlang fahren bis zum Schwanz – aufpassen, dass man mit dem Wender nicht unter die Hauptgräte kommt. Dann die gelöste, obere Fischhälfte zur Seite klappen. Die Hauptgräte von der unteren Hälfte abheben. Restliche Gräten im Bauchraum gegebenenfalls entfernen. Die Fischhälften auf Teller verteilen.

Kleiner Knigge

Austern: Austern werden bereits geöffnet auf Eis serviert. Mit der speziell gereichten Austerngabel oder einer kleinen Gabel aus der Schale lösen. Mit Pfeffer würzen oder mit Zitronensaft beträufeln und aus der Schale schlürfen.
Bouillabaisse: Schwimmen in der Suppe größere Fischstücke oder ganze Muscheln, zerkleinern Sie mit dem Fischbesteck

zunächst größere Fischteile. Das Muschelfleisch lösen Sie vorsichtig mit dem Löffel aus der Schale.

Fischbesteck: In Restaurants erhalten Fischesser in der Regel ein spezielles Fischmesser. Stattdessen kann auch ein Gourmetlöffel verwendet werden.

Hummer: Hummeressen ist Übungssache. Doch keine Panik: Innerhalb einer Menüfolge wird Ihnen das Hummerfleisch aus Beinen, Scheren und Schwanz in der Regel halbiert oder schon ganz ausgelöst serviert.

Für Notfälle: Die Scheren werden mit der Hummerzange geknackt, das Fleisch dann mit der Hummergabel ausgelöst. Das Fleisch aus den Beinen wird mit der Hummergabel herausgezogen. Zuvor werden die Beine im Gelenk gebrochen und mit der Zange aufgeknipst.

Kaviar: Verzehren Sie Kaviar niemals mit Silberbesteck, auch Edelstahl ist zu meiden! Dieses würde dem Kaviar einen unangenehm fischigen Geschmack verleihen. Besser ist Besteck aus Perlmutt, Horn, Schildpatt oder Holz.

Fisch und Wein

Wein zum Fisch ist keine Vorschrift, sondern soll ein Genuss sein. Auf keinen Fall schwere Rotweine zum Fisch servieren. Zu pochiertem Fisch schmeckt ausschließlich Weißwein, nichts anderes. Dennoch ist die alte Empfehlung, niemals Rotwein zum Fisch zu servieren, als Regel ohne Ausnahme überholt. Wenn es zum Steinbutt eine Rotweinbutter gibt, dann kann ein Rotwein dazu reizvoll sein. Auch zu gebratenem Tintenfisch passt ein leichter Roter exzellent. Grundsätzlich ist Weißwein immer richtig, wobei er im Geschmack nicht so voll sein sollte, damit er den Fisch nicht übertönt. Zu paniertem Fisch und Bratfisch schmeckt Bier am besten.

AAL (GEMEINER FLUSSAAL) (Anguilla anguilla)

E: eel, F: anguille, G: cheli, I: anguilla, P: enguia, S: anguila

Zubereitung: Braten oder Kochen. Der schmackhaftere und beliebtere Räucheraal eignet sich vor allem als Vorspeise und Zwischengericht. Traditionell ein Fisch des Nordens, der am allerbesten frisch aus dem Rauch schmeckt. Frische Aale (als »grüne Aale« angeboten) sollten vor der Zubereitung enthäutet werden, auch die Haut des Räucheraals wird nicht mitgegessen. Er hat eine große Hauptgräte, sodass sich der Aal relativ leicht filetieren lässt.

Geschmack: Fettes, aber feines und zartes Fleisch.

Aussehen: 50–150 cm lang und sehr schlank, schlangenförmiger Körper, grünlich-grau bis schwarz, mit hellem Bauch. Die Haut ist geräuchert dunkelbraun und muss seidig glänzen, sie darf nicht zu faltig sein – sonst ist der Fisch nicht mehr frisch.

Familie: Zur Familie gehören auch der Meeraal und der Seeaal (Dornhai). Das Fleisch dieser beiden Fische ist jedoch längst nicht so fein und wohlschmeckend wie das des Flussaales.

Vorkommen: Flussaale kommen im nördlichen Teil des Atlantiks vor, von Island bis Nordafrika, sowie in europäischen Flüssen und Seen.

Gehalt: 281 kcal/1174 kJ, 15% Eiweiß, 24% Fett. Enthält so viele µ-3-Fettsäuren und Vitamin A wie kein anderer Fisch.

Angebot: Im Ganzen und filetiert; Räucheraal ist sehr viel weiter verbreitet als der frische Flussaal. Diesen finden Sie eher in Frankreich und in den Mittelmeerländern.

Saison: Das Angebot wird von Zuchtaal beherrscht, der das ganze Jahr angeboten wird.

Tipp: Große Vorsicht beim Einkauf von Räucheraal, Hände weg von allzu billigen Angeboten von ambulanten Fischverkäufern.

Räucheraal auf Rührei und Schwarzbrot

➤ **Zutaten (4 Personen)**

200g Räucheraal-Filet
2–3 El Butter
4 Eier
2 El Sahne
Salz
4 Scheiben kräftiges Schwarzbrot
2 El Schnittlauchröllchen

➤ **Zubereitung:**

Den Räucheraal längs in 2 cm breite Streifen schneiden, die nicht länger als 5 cm sein sollten. 1 EL Butter in der Pfanne schmelzen lassen, inzwischen die Eier in einer Schüssel schaumig aufschlagen, mit der Sahne abrunden und salzen. In die heiße Butter gießen und fest werden lassen, mit dem Bratenwender wenden, das Rührei soll locker bleiben und nicht zu braun werden.

Schwarzbrotscheiben mit Butter bestreichen und das Rührei darauf verteilen. Mit den Aalfilets belegen und mit Schnittlauchröllchen bestreuen.

Durch das noch warme Rührei entfaltet sich das Aroma des Aals – als wäre er frisch geräuchert.
Dazu passt frisches kühles Bier und eiskalter Aquavit. Ein Gericht von der Küste!

ALASKA-POLLACK (Theagra chalcogramma)

E: Alaska pollack, Walley pollack, F: morue du Pacifique occidental, I: merluzzo dell'Alaska, S: abadejo de Alasca

Ersatz:	Kabeljau, Lengfisch, Seelachs, Schellfisch, Merlan.
Zubereitung:	Dünsten, Braten, Pochieren. Gedünstet passt er gut zu Gemüsen wie Spinat und Broccoli. Kinder bevorzugen ihn in Form von Fischstäbchen.
Geschmack:	Sehr mageres, zartes und weiches Fleisch, aber ohne charakteristischen Geschmack. Ideal für Esser, die auf einen starken Fischgeschmack verzichten möchten.
Aussehen:	Runder Rücken, bis zu 60 cm lang, dunkelgrau bis hell gefärbte Haut.
Gehalt:	74 kcal/309 kJ, 16,7% Eiweiß, 0,8% Fett.
Angebot:	Filets, fast nur tiefgekühlt und portioniert.
Saison:	Aus der Tiefkühltruhe ganzjährig erhältlich, vor allem in Form von Fischstäbchen.

Wan-Tan-Fischstäbchen

➤ **Zutaten (4 Personen)**

300 g Alaska-Pollack
2 kleine Lauchstangen
1 EL Madras-Curry
3 EL Butter
1 Eiweiß
4 TK-Wan-Tan-Blätter (20 x 20 cm)
Hot Chilisauce
4 EL Crème fraîche
Öl zum Braten
Salat zum Garnieren

➤ **Zubereitung:**

Fisch quer zur Faser in 7 x 2 cm große Stücke schneiden. Lauch gründlich waschen, fein würfeln, salzen, mit 2 EL Butter anschwitzen und Curry dazugeben. Vom Herd nehmen, abkühlen lassen und 1 EL weiche Butter unterrühren. Die noch gefrorenen Wan-Tan-Blätter halbieren, Ränder mit Eiweiß bestreichen und die Fischstücke in die Mitte setzen. Lauchbutter auf die Filets geben und die Teigenden zu einem Päckchen zusammenschlagen. Öl in einer Pfanne erhitzen. Die Fischstäbchen in insgesamt 4 Min. von allen Seiten knusprig braten. Für den Dip Chilisauce und Crème fraîche verrühren.

Zum Anrichten die Fischstäbchen und die Schälchen mit dem Dip auf einen Teller geben. Mit Salat garniert servieren.

AUSTERN (Ostreidae)

E: oyster, F: huître, I: ostrica, P: ostra, S: ostra

Ersatz:	Vongole (Venusmuschel)
Zubereitung:	In der Regel genießt man Austern pur, sie können aber auch pochiert und gegart werden. In den USA werden sie gern überbacken.
Geschmack:	Die kleineren sind geschmacklich die besseren, ein würziger Hauch vom Meer umspült den Gaumen, die Fines des Claires schmecken flach gegen die Sylter Austern, den Vorteil des sauberen Nordseewassers haben – denn Wasser macht den Geschmack der Auster.
Aussehen:	Ein Stück Felsen, flach oder gebirgig getürmt, soll klares Wasser enthalten.
Vorkommen:	In Deutschland werden zu 70 Prozent Fines de Claires aus den Austernteichen im französischen Marennes-Oleron Gebiet verzehrt. Sie wird in Becken gezüchtet. Genauso wie die Sylter Royal, die im Sommer im nordfriesischen Wattenmeer heranwächst. Zu dieser Familie zählt auch die irische Donegal-Auster. Die zweite große Sorte ist die europäische Auster, flach und fast rund. Sie wird in tiefen Gewässern von Austernbänken geerntet. In Holland heißt sie Imperial, in England Colchester und aus Frankreich Belons.
Gehalt:	Natürlich reichlich Eiweiß, denn sonst hätte diese Königin unter allen Muscheln nicht ihren Ruf als Aphrodisiakum.
Angebot:	Die französischen sind etwas billiger, die Sylter sollte man nur vor Ort genießen.
Saison:	Austern sind als Zuchtprodukt das ganze Jahr über erhältlich.

Tartar von Sylter Austern

➤ Zutaten (4 Personen)

12 klein gehackte Sylter Royal Austern
2 Tomaten
4 klein gehackte Schalotten
Pfeffer, frisch gemahlen
1 kleiner Bund Dill

➤ Zubereitung:

Austern gut bürsten, öffnen und das Fleisch auslösen, Austernwasser dabei auffangen und beiseite stellen. Das Austernfleisch fein hacken.

Die Tomaten enthäuten, entkernen und das Fleisch in kleine Würfel schneiden. Austernfleisch, Tomaten-würfel mit den Schalotten vermengen und mit Pfeffer abschmecken.

Diese Mischung in die tiefen Austernschalen geben und mit dem Austernsaft auffüllen. Mit gezupften Dill garnieren.

Dazu passen kleine Würfel aus Käse und gebutterten Pumpernickelscheiben.

Tipp: Beim Kauf darauf achten, dass der Deckel der Auster fest geschlossen ist. Beim Lagern die Austern-Deckel mit Gewichten belasten. Zum Öffnen mit dem Austernmesser den starken Muskel zwischen den beiden Schalen durchtrennen. Dabei die linke Hand mit einem Handtuch umwickeln damit die Auster anfassen und mit der rechten Hand das Austernmes-ser zwischen die Schalen schieben.

D
DORNHAI (Squalus acanhias)

	E: piked dogfish, F: aiguillat commun, G: kentroni, kokalas, I: spinarolo, spinardo, P: galhudo malhado, S: mielga
Ersatz:	Heringshai.
Zubereitung:	Braten, Dünsten, Pochieren.
Geschmack:	Frischer Dornhai schmeckt würzig. Die geräucherten Bauchlappen, Schillerlocken genannt, haben festes Fleisch, schmecken stark nach Rauch.
Aussehen:	Der Fisch wird um die 60 bis 80 cm lang und 12 kg schwer. Er besitzt zwei charakteristische Dornen vor jeder Rückenflosse. Der Rücken ist graubraun, der Bauch weiß gefärbt.
Vorkommen::	Norwegische Küste, westliche Ostsee, sowie im Mittelmeer.
Gehalt:	156 kcal/651 kJ, 46% Eiweiß, 54% Fett (frischer Fisch); geräuchert 25% Fett, viel Phosphor und Eisen.
Angebot:	Rückenteile frisch und auch geräuchert als »Seeaal« (nicht verwechseln mit Meeraal), im Ganzen und als Filets; geräucherte Bauchlappen sind unter dem bekannten Namen »Schillerlocken« im Handel.
Saison:	Ganzjährig im Angebot.
Info:	20 000 Tonnen werden in Europa gefangen, wegen seiner späten Geschlechtsreife (erst nach etwa zehn bis zwölf Jahren) leidet er unter Überfischung. Schillerlocken werden so genannt nach den Locken des Dichters Friedrich von Schiller.
Tipp:	Beim Kauf von Schillerlocken darauf achten, dass die Räucherware eine glatte, pralle Haut hat. Ist sie schon runzlig und faltig, Finger weg! Schillerlocken möglichst bald verzehren und nicht zu lange im Kühlschrank aufbewahren.

Schillerlocke
mit Räucher-Dressing

➤ **Zutaten (4 Personen)**

4 Wacholderbeeren
200 g Schillerlocke
6 EL Distelöl
2 EL Himbeeressig
Salz, Pfeffer, Zucker
Dill zum Garnieren

➤ **Zubereitung:**

Die Wacholderbeeren im Mörser sehr fein zerstoßen.

Die Schillerlocke in Streifen schneiden und auf einem Teller anrichten. Öl, Essig und Wacholderbeeren mischen. Mit Salz, Pfeffer und Zucker abschmecken. Den Räucherfisch mit dem Dressing beträufeln. Mit Dill garniert servieren.

E: flounder, F: flet, G: chomatida, I: passera pianuzza, P: solha de pedras, S: platija

Ersatz:	Scholle, Rotzunge.
Zubereitung:	Braten, Backen.
Geschmack:	Nicht sehr feines Fleisch, schmeckt stark nach Jod. Die Ostsee-Flunder lebt im Brackwasser, einer Mischung aus See- und Süßwasser, was ihrem Geschmack eher abträglich ist.
Aussehen:	Oberseite grau-grün, Bauch hell, mitunter pigmentiert. Eine durchschnittliche Flunder wird nach 5 Jahren etwa 25–30 cm lang (maximal 50 cm und 6 Pfund).
Vorkommen:	Fast in der gesamten Ostsee, dort der meist gefangene Plattfisch. Ein Brandungsfisch und der »Brot«-Fisch der kleinen Fischer. Kommt sonst an der gesamten Küste zwischen Murmansk und Odessa vor.
Familie:	Mitglied der Plattfisch-Familie.
Gehalt:	79 kcal/332 kJ, 86% Eiweiß, 10% Fett.
Angebot:	Im Ganzen und als Filets.
Saison:	Mai und Juni.
Info:	Die einzige nordische Plattfischart, die sowohl im Süß- wie auch im Salzwasser leben kann.
Tipp:	Ein Küstenfisch, der auch von Fischerbooten in kleinen Küstenorten angelandet wird. Dort ist er sehr preisgünstig direkt vom Kutter zu bekommen.

Flunder mit Bratkartoffelwürfelchen

➤ **Zutaten (2 Personen)**

60 g weiche Butter
3 EL gemischte fein gehackte Kräuter
400 g festkochende Kartoffeln
2 mittelgroße Flundern (vom Fischhändler küchenfertig vorbereiten lassen, ausgenommen, ohne Kopf, Schwanz und Flossen)
Salz, Pfeffer
Mehl nach Belieben
Öl zum Braten

➤ **Zubereitung:**

Butter mit den Kräutern gut verrühren und beiseite stellen.

Kartoffeln schälen, waschen und in kleine Würfel schneiden. Von den Flundern Blutreste abspülen und Fische trockentupfen. In einer großen Pfanne reichlich Öl erhitzen und darin die Kartoffelwürfel knusprig ausbacken, dabei salzen.

Inzwischen die Flundern mit Salz und Pfeffer würzen, nach Belieben in Mehl wenden. Öl in einer ausreichend großen Pfanne erhitzen, Flundern hineingeben. Wenn die Flundern auf der einen Seite knusprig sind, vorsichtig auf die andere Seite drehen und fertig braten.

Die Kartoffeln vor dem Servieren auf Haushaltspapier abtropfen lassen. Mit zwei Teelöffeln kleine Nocken von der Kräuterbutter abstechen und auf den gebratenen Fisch setzen. Kartoffeln und Fisch sofort auf vorgewärmten Tellern anrichten und servieren.

E: crayfish, F: écrevisse, I: gambero di fiume, S: cangrejo de rio, camarón

Ersatz:	Scampo.
Zubereitung:	Nach schwedischer Art in Dill gekocht, gegrillt, als Gratin, in Suppen.
Geschmack:	Ähnlich dem Hummer, aber feiner, weil er in Süßwasser lebt.
Aussehen:	Wie Hummers kleiner Bruder, aber nur maximal 15 cm lang und 120 g schwer, hellbraun bis dunkelgrün lebend, gekocht wird er knallrot.
Vorkommen:	Nach der Krebspest war er bei uns fast ausgestorben, jetzt gibt es ihn wieder in einigen Seen, aber in der Türkei wird er in großem Stil gezüchtet. Es gibt drei Sorten: Edelkrebs, der in minimalen Beständen bei uns heimisch ist, Signalkrebs wird aus den USA importiert, Galizierkrebs, der 90 Prozent des Krebsangebots aus der Türkei und dem Iran stellt.
Familie:	Gehört wie der Hummer zu den Krustentieren.
Gehalt:	Enthält viel Phosphor, Vitamin B1 und B2.
Angebot:	Frisch sehr selten im Handel, meistens tiefgekühlt.
Saison:	Frisch von Juni und Dezember, abhängig von der Schonzeit für Weibchen, in der Laichzeit dürfen nur männliche Tiere gehandelt werden. Flusskrebse sind trotzdem das ganze Jahr über erhältlich. Sie werden gefroren eingeflogen.
Info:	Der Flusskrebs ist eines der ältesten Lebewesen überhaupt, es gibt ihn vermutlich seit über 200 Millionen Jahren.
Tipp:	Nicht zu kleine Exemplare aussuchen, mindestens 50 g sollte der Krebs wiegen, sonst ist der Fleischanteil zu gering. Ideal sind die Größen ab 80 bis 100 g, was aber leider eher selten geworden ist. Tiefkühlware hat meistens eine sehr gute Qualität.

Flusskrebse klassisch

➤ **Zutaten (4 Personen)**

2 Bund Dill
2 Selleriestangen
1 Zwiebel
1 Möhre
½ Lauchstange,
½ Fenchelknolle
1 l Weißwein
1 Lorbeerblatt
10 weiße Pfefferkörner
4 Wacholderbeeren
25 g Kümmel
Salz
2 kg türkische Flusskrebse

➤ **Zubereitung:**

Dill waschen und klein hacken, Sellerie waschen,
Zwiebel und Möhre schälen, Lauch und Fenchel putzen. Alles klein hacken. Wein und 5 l Wasser mit den
Gewürzen, den Gemüsen und Salz in einem großen
Topf zum Kochen bringen. Wenn das Wasser kocht,
die Krebse hineingeben, immer nur so viele, dass sie
vom kochenden Wasser bedeckt sind. Den Topf sofort
mit dem Deckel verschließen, den Sud aufkochen lassen und die Krebse 8 Minuten ziehen lassen. Krebse
herausnehmen, unter kaltem Wasser abschrecken und
beiseite stellen. Krebssud wieder aufkochen und restliche Krebse kochen. Die gekochten Krebse auf einer
großen Platte anrichten. Dazu passt Baguette.

	E: rainbow trout, F: truit arc en ciel, I: trota iridea, S: truche arco iris
Ersatz:	Saibling, Renke, Hecht.
Zubereitung:	Blau kochen, Pochieren, Braten, Dünsten, Garen im Ofen. Dieser Zuchtfisch kann in allen möglichen Varianten zubereitet werden. Die Hauptgräte lässt sich leicht entfernen.
Geschmack:	Zartes, würziges Fleisch, kein allzu ausgeprägter Eigengeschmack, nicht sehr intensiv oder charakteristisch, der Geschmack hängt sehr von der Wasserqualität ab, in dem die Zuchtforelle gezogen wurde. Es gibt deutlich schmeckbare Qualitätsunterschiede, je nach Herkunft und Zucht.
Aussehen:	Die Regenbogenforelle hat viele dunkle Punkte am ganzen Körper und ein rotes Band an den Seiten. Die Bachforelle hat helle, manchmal rot umrandete Flecken an den Seiten. Die Seeforelle hat einen eher torpedoförmigen Körper.
Vorkommen:	Bachforellen leben in Flüssen und Bächen, sie lieben schnellfließende Gewässer. Regenbogenforellen gehören zu ältesten Zuchtfischen überhaupt.
Familie:	Gehört zu der Familie der lachsartigen Fische, den Salmoniden. Besonderes Kennzeichen: eine Fettflosse zwischen Rücken- und Schwanzflosse.
Gehalt:	67 kcal/172 kJ, 63% Eiweiß, 37% Fett; viel Cholesterin, Kalium und Vitamin E.
Angebot:	Frisch im Ganzen und als Filets, geräuchert (ganz und filetiert).
Saison:	Als Zuchtfisch das ganze Jahr erhältlich.
Info:	Lachsforellen sind besonders große Exemplare der Regenbogenforelle, die durch spezielles Futter mit viel Carotin (ein natürliches Färbemittel) ein lachsfarbenes Fleisch bekommen haben. Sie muss deutlich billiger angeboten werden als der Lachs – auf den ersten Blick sind sie leicht zu verwechseln. Doch die Lachsforelle ist kürzer, dicker und etwas plumper.

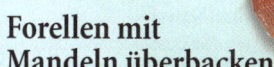

Forellen mit Mandeln überbacken

➤ **Zutaten (2 Personen)**

2 küchenfertige Forellen à 350 g
Salz
Pfeffer
frischer Zitronensaft
50 g gehäutete Mandelkerne
50 g Pistazienkerne
60 g weiche Butter
1 TL abgeriebene Zitronenschale von einer
unbehandelten Frucht
3 EL trockener Weißwein oder trockener
Wermut (z.B. Noilly Prat)

➤ **Zubereitung:**

Den Backofen auf 180° vorheizen.

Die Forellen gründlich abspülen, Blutreste und
Schleim entfernen. Mit Salz und Pfeffer innen und
außen würzen. Mit Zitronensaft beträufeln. Die Mandeln und Pistazien hacken. Die Hälfte davon mit der
Butter und der geriebenen Zitronenschale verrühren.
Mit der Mandel-Pistazien-Butter eine feuerfeste Form
ausstreichen. Die Forellen hineinlegen und mit den
restlichen Nüssen bestreuen. Wein oder Wermut
angießen und im Backofen (Mitte, Umluft 160°)
15 Minuten garen. Mit Reis servieren.

GOLDBRASSE/DORADE (Sparus auratus)

E: gilt head sea bream, F: dorade royale/rosé, G: tsipura,
I: orata, P: dourada, S: dorada

Ersatz:	Andere Brassen, Kabeljau, Seeteufel.
Zubereitung:	Braten, Grillen, Dünsten. Die Dorade ist wichtiger Bestandteil der berühmten »Bouillabaisse«. Ein klassischer Fisch der großen mediterranen Küche, der typische Mittelmeerfisch.
Geschmack:	Weißes, festes, sehr schmackhaftes und aromatisches Fleisch, wenig Gräten.
Aussehen:	Breites goldenes Band zwischen den Augen, deshalb heißt sie in Frankreich »Fisch mit den goldenen Augenbrauen«. Maximal wird sie 70 cm lang und 2,5 kg schwer.
Vorkommen:	Hauptverbreitungsgebiet ist das Mittelmeer.
Familie:	Stammt aus der Familie der Meerbrassen mit über 200 Arten.
Gehalt:	96 kcal/401 kJ, 80% Eiweiß, 18% Fett.
Angebot:	Im Ganzen, filetiert.
Saison:	Mittlerweile als Zuchtfisch das ganze Jahr verfügbar, schmeckt am besten von Juli bis Oktober.
Info:	Die biologische Delikatesse schlechthin: dieser Fisch ist zweigeschlechtlich – es gibt keine nur weiblichen oder männlichen Tiere.
Tipp:	In der Aquakultur hat sich die Dorade bestens bewährt. Es werden bereits jährlich über 10 000 Tonnen produziert. Langfristig dürfte es wie beim Lachs zu einem Absinken der Endverbraucherpreise kommen. Wild werden von der Goldbrasse nur 3000 Tonnen gefangen.

Bouillabaisse mit Doraden

➤ **Zutaten (4 Personen)**

1 große Gemüsezwiebel, je 1 rote, grüne, gelbe Paprikaschote, 1 ½ Fenchelknollen 15 Knoblauchzehen, 4 Tomaten, 100 ml Olivenöl, 4 kleine Doraden, 1 kleiner Loup de mer, 1 Petersfisch (alle Fische ausgelöst, Köpfe und Karkassen mitgeben lassen) 1,5 l trockener Weißwein, 1 l Fischfond, Schalen von 2 un-behandelten Apfelsinen und ¼ unbehandelten Zitrone, 1 EL Safran, 3 Lorbeerblätter, 1 TL Pimentkörner, 2 TL Thymian, 5 EL Kräuter der Provence, Salz, Pfeffer

➤ **Zubereitung:**

Das Gemüse putzen, waschen und in grobe Stücke schneiden, mit dem Olivenöl in einem großen Topf anschmoren. Die Fischkarkassen und -köpfe hineingeben und so lange mitschmoren, bis sich Röststoffe gebildet haben. Jetzt mit dem Weißwein, 1,5 l Wasser und Fischfond ablöschen, die Aromen und Gewürze dazugeben und 1 Stunde köcheln lassen. Anschließend durch ein feines Sieb passieren, die Fischsuppe wieder in den Topf geben und darin die Fischfilets gar dünsten. Eventuell noch einmal abschmecken. Zum Anrichten die Suppe in einer großen Schüssel auf den Tisch stellen. Dazu serviert man Knoblauchcroûtons und Rouille-Sauce (aus dem Glas).

HECHT (Esox lucius)

E: pike, F: brochet, G: turna, I: luccio, P: lucio, S: lucio

Ersatz:	Zander, Forelle, Flussbarsch.
Zubereitung:	Kleine Hechte im Ganzen kochen oder pochieren, Filets braten, als Terrine und in Form der berühmten Hechtklößchen, die man in Baden und im Spreewald, aber auch in Frankreich (quenelles de brochet) besonders gut macht. Mutige Köche spicken ihn, damit er saftig bleibt.
Geschmack:	Extrem fettarmes, festes, weißes aromatisches Fleisch, leider mit unangenehmen Gräten.
Aussehen:	Entenschnabelähnliche Schnauze, langer gestreckter Körper bis zu 1,50 m Länge, maximal 35 kg schwer, weiß und dunkel gefleckt.
Vorkommen:	Flüsse und Seen in Mittel- und Nordeuropa, bis zum Ural und Sibirien, Nordamerika und kanadische Atlantikküste bis zum Pazifik, auch in Teilen Alaskas.
Gehalt:	89 kcal/373 kJ, 85% Eiweiß, 9% Fett; reichlich Natrium und Fluor.
Angebot:	Meist als ganzer Fisch, eher bei lokalen Fischern, seltener im Handel.
Saison:	Oktober bis April, seltener im Sommer.
Info:	Sehr begehrter Fisch vieler Angler – wer möchte nicht den Hecht im Karpfenteich am Haken haben. Leider aber sind die Hechtbestände vor allem durch die künstliche Regulierung von Gewässern stark geschrumpft.
Tipp:	Fische bis 2,5 kg Größe filetieren oder füllen, größere Tiere zu Klößchen verarbeiten.

Spreewälder Hechtklößchen

➤ **Zutaten (4 Personen)**

600 g Hechtfilet
400 g Sahne
Salz, Pfeffer, Zucker, Cayennepfeffer
30 g Butter
1 gehackte Zwiebel
200 ml Weißwein
200 ml Fischfond
200 g Crème fraîche
1 Bund Dill
1 EL Mehl

➤ **Zubereitung:**

Hechtfleisch und Sahne sehr kühl stellen, um später eine gute Bindung zu erreichen. Das Hechtfleisch in Stücke schneiden und in die Küchenmaschine geben. Die Sahne in die rotierende Hechtmasse einfließen lassen, bis sich eine geschmeidige Masse gebildet hat. 1 Stunde kalt ruhen lassen. Durch ein feines Sieb streichen. Salzen, pfeffern, mit einer Prise Zucker und Cayennepfeffer abschmecken. Wieder eine Stunde beiseite stellen. Butter schmelzen, die Zwiebel dazugeben, mit Mehl bestäuben und gut durchrühren. Fischfond und Weißwein angießen und unter ständigem Rühren zehn Minuten köcheln lassen. Dill waschen und fein hacken. Crème fraîche und Dill dazugeben, die Sauce warm halten. Aus der Hechtmasse mit 2 Esslöffeln längliche Klößchen formen und in schwach siedendem Salzwasser 15 Minuten gar ziehen lassen. Die Klößchen mit der Schaumkelle herausnehmen und abtropfen lassen. Mit der Dillsauce servieren. Als Beilage eignen sich Butterkartoffeln und Spinat.

E: halibut, F: flétan, I: halibut, P: alabote de Atlantico, S: halibut, fletan

Ersatz: Dorsch, Rotbarsch, Seelachs.

Zubereitung: Pochieren, Dünsten, Braten. Schwarzer Heilbutt schmeckt frisch aus dem Rauch am besten.

Geschmack: Das Fleisch ist sehr weiß und zart, zerfällt fast auf der Zunge, denn es ist sehr feinfaserig. Vor allem geräuchert besitzt der Heilbutt einen charakteristischen, kräftigen Geschmack.

Aussehen: Der schwarze Heilbutt hat einen langgestreckten Körper mit braun-schwarzer Färbung, der weiße oder atlantische Heilbutt ist auf der Blindseite weiß – daher der Name. Größenmäßig ist der weiße Heilbutt der Gigant in seiner Plattfischfamilie. Er kann 4 m lang und 300 kg schwer werden. Sein engster Verwandter, der schwarze Heilbutt mit schwarzer Bauchfärbung, wird nur 1,2 m lang bei einem Gewicht von 15 kg. Typisch: die Rückenflosse, die schon über dem oberen Auge beginnt. Beide Heilbutts haben einen dunklen Rücken, dem Meeresboden angepasst.

Vorkommen: Nordatlantik bis nach Kanada, Pazifik.

Familie: Gehört zur Familie der Plattfische, zu denen auch z.B. der Steinbutt, die Seezunge und die Scholle gehören.

Gehalt: 110 kcal/461 kJ, 83% Eiweiß, 17% Fett (weißer Heilbutt). Der schwarze Heilbutt hat einen fast viermal so hohen Fettanteil. Der schwarze Heilbutt enthält viel Kalium.

Angebot: Als Kotelett und Filet, schwarzer Heilbutt auch geräuchert. Der sehr schmackhafte weiße Heilbutt ist selten geworden. Schwarzer Heilbutt ist tiefgekühlt im Handel.

Saison: Herbst und Winter, Laichzeit von Dezember bis April.

Info: Weil der weiße Heilbutt so spät geschlechtsreif wird, wird er immer seltener gefangen, was die zurückgehenden Fangzahlen beweisen. Dafür wird der schwarze Heilbutt umso stärker befischt und deshalb viel angeboten.

Schwarzer Heilbutt auf Möhrengemüse

➤ **Zutaten (4 Personen)**

8 Möhren
1 Zwiebel
2 EL Butter
Salz, Pfeffer, Zucker, Muskatnuss
100 ml Hühnerfond
100 g Sahne
600 g schwarzes Heilbuttfilet
50 g geklärte Butter (siehe Tipp)

➤ **Zubereitung:**

Die Möhren putzen und in Scheiben schneiden. Die Zwiebel schälen und fein hacken. Die Butter erhitzen, Zwiebel darin anschwenken, salzen, pfeffern, mit 1 TL Zucker und einer Prise Muskatnuss würzen. Mit dem Fond ablöschen, danach die Sahne zufügen. Die Möhren darin in 10 Minuten bissfest garen.

Inzwischen das Heilbuttfilet in 4 gleich große Stücke teilen, salzen und in der Butter saftig braten. Das Möhrengemüse mit dem Sahnefond auf die Teller verteilen und den Heilbutt darauf anrichten.

Tipp: Für 50 g geklärte Butter etwa 70 g Butter in einer Pfanne erhitzen und aufschäumen lassen. Die Butter weiterverwenden ohne den weißlich-wässrigen Bodensatz.

HERING (Clupea harengus)

E: herring, F: hareng, I: aringa, P: aremque; S: arenque

Ersatz: Sardinen, Makrelen.

Zubereitung: Grünen (frischen) Hering braten, frittieren, in Marinaden einlegen. In Salz eingelegt erfreut er jeden Frühsommer als Matjes die Fischfreunde. Im Buchenrauch geräuchert kommt er als Bückling in den Handel. Und sauer eingelegt verwandelt er sich in den Bismarck-Hering.

Geschmack: Kräftiger, sehr charakteristischer Geschmack, sehr zartes Fleisch.

Aussehen: Bis zu 35 Zentimeter lang, silbrig glänzend, dadurch kann man Heringsschwärme oft mit bloßem Auge auf der offenen See erkennen.

Vorkommen: In allen Meeren der nördlichen Halbkugel.

Familie: Gehört zu den Heringsfischen, wie z.B. auch Sardinen, Sprotten und Sardellen.

Gehalt: 222 kcal/927 kJ, 35% Eiweiß, 65% Fett; viel Cholesterol, aber auch herzschützende μ-3-Fettsäuren.

Angebot: Frischer Hering im Ganzen und filetiert.

Saison: Von April bis Juni gibt es Hering im Überfluss (siehe auch Info).

Info: Zwischen Anfang März und Ende April strömen Millionen Heringe in die Häfen und Flussmündungen der Ostsee, um zu laichen. Dann stehen Tausende von Anglern an den Ufern und ziehen die Heringe buchstäblich eimerweise aus dem Meer. In dieser Zeit ist der Hering besonders fett und lecker.

Tipp: Wenn im Frühsommer der »neue« Matjes (eingesalzener Hering) angeboten wird, so ist das meistens keine frischgefangene Ware mehr. Matjes wird inzwischen das ganze Jahr über eingesalzen und zwar nur noch aus tiefgekühlten Fischen – das hat der Gesetzgeber zwingend vorgeschrieben. Ansonsten gilt beim Kauf der frischen Heringe: die kleinsten sind die feinsten.

Hering – Japan meets Bavaria

➤ Zutaten (4 Personen)

FÜR DEN KARTOFFELSALAT:
1 kg festkochende Kartoffeln, 200 ml Geflügelfond, 1 Zwiebel, Essig, Salz, Zucker, Pfeffer zum Abschmecken

FÜR DEN FISCH:
16 möglichst frische kleine grüne Heringe (vom Fischhändler filetieren lassen)
2 EL Sake (japanischer Reiswein, ersatzweise trockener Wermut), 2 EL Sojasauce, 2 EL Mehl, 4 EL Öl, 1 EL Butter

FÜR DIE SAUCE:
5 TL Sojasauce, 2 TL Weinessig, 1 TL Zucker, 1 Handvoll Feldsalat zum Garnieren

➤ Zubereitung:

Kartoffeln in der Schale kochen und noch warm abpellen. In Scheiben schneiden, in eine Schüssel geben, mit dem Geflügelfond übergießen. Die Zwiebel schälen und klein schneiden. Zu den Kartoffeln geben und mit Essig, Salz, Zucker und Pfeffer abschmecken.

Die filetierten Fische mit Sake und Soja übergießen, 30 Minuten marinieren. Dann trockentupfen, quer in fünf Zentimeter breite Stücke schneiden und in Mehl wenden. Öl in der Pfanne erhitzen und die Heringe behutsam braten, bis sie knusprig braun sind. Das Öl abgießen und die Heringe in der Butter kurz schwenken. Die Saucen-Zutaten verrühren und in einem kleinen Schüsselchen servieren. Darin die Heringsstücke eintauchen und den Kartoffelsalat dazu servieren. Mit Feldsalat garnieren.

HERZMUSCHEL (Cerstoderma edule)

E: cockle, F: coque, I: cuore edule, S: berberecho, croque

Zubereitung: Backen, Grillen, Braten, Pochieren. Herzmuscheln dürfen der Optik wegen auf keiner Seafood-Platte fehlen. In Holland sind Herzmuscheln sehr beliebt.

Geschmack: Fein nach Meer.

Aussehen. Herzmuscheln haben helle Schalen mit radialen Rippen und sind etwa 5 cm im Durchmesser groß. Die beiden Schalenhälften sind herzförmig, das Muschelfleisch hellgelb mit einem kräftig gelben Kern.

Vorkommen: Nord- und Ostsee, Atlantik, an den Küsten Hollands, Frankreichs, Englands.

Gehalt: Nur 15 Prozent der Meeresfrucht sind verzehrfähiges Muschelfleisch, wenig Fett, viel Mineralstoffe.

Angebot: Meist als kräftig gesalzene Konserve erhältlich, auch gefroren, frisch im 1-Kilo-Gebinde.

Saison: Die Muschel wird rund ums Jahr intensiv befischt.

Info: Versuche, die Muschel zu züchten, misslangen.

Hinweis: Seit 1992 ist der Fang in den deutschen Wattenmeeren verboten, obwohl sie dort in großen Mengen vorkommt.

Herzmuscheln in Gemüsesud

➤ Zutaten (4 Personen)

2 kg Herzmuscheln
100 g Zwiebeln
50 g Möhren
150 g Frühlingslauch
100 g Stangensellerie
4 EL Olivenöl
2 Lorbeerblätter
½ Bund Petersilie
1 frischer Thymianzweig
200 ml Weißwein

➤ Zubereitung:

Herzmuscheln mehrmals gründlich mit kaltem Wasser abspülen. Gemüse putzen und klein schneiden. Olivenöl in einem großen Topf erhitzen und darin die Gemüse kurz anziehen lassen. Die Muscheln und die Kräuter dazugeben, Wein angießen. Bei starker Hitze und geschlossenem Deckel 6 bis 10 Minuten aufkochen, bis sich alle Muscheln geöffnet haben. Zum Anrichten die Muscheln auf eine Platte geben und den Sud dazu reichen.

H Hummer (Homarus Gammarus)

	E: lobster, F: homard, I: astice, lupo di mare, P: lavagante, S: bogavante
Ersatz:	Languste, Krebs.
Zubereitung:	Frisch gekocht am besten, aber auch gegrillt und gebraten.
Geschmack:	Weißes, feines, sehr aromatisches Fleisch, etwas süßlich, nach Meer – Hummer hat einen ureigenen charakteristischen Geschmack.
Aussehen:	Fünf Paar Füße und zwei Scheren, lebend dunkelbraun aus Kanada und blau aus Norwegen, rot bis hellrot beim Gang zum Kochtopf.
Vorkommen:	In Europa im Atlantik, vor allem in der Küste vor Norwegen, auch in der Nordsee, der meiste kommt aus Kanada/Nordamerika als Maine Lobster in guter Qualität.
Familie:	Gehört zu den Krustentieren.
Gehalt:	Eiweißreich und nur 2% Fett, allerdings enthält er verhältnismäßig viel Cholesterin.
Angebot:	Europäischer Hummer deckt nur 20% des Angebots. Er wird lebend, tiefgefroren, frisch gekocht (im Feinkosthandel) und in Dosen (Fleisch) angeboten.
Saison:	Im Sommer wechselt der Hummer seinen Panzer, dann ist sein Fleisch sehr leicht und damit der Hummer vergleichsweise preiswert. Zum Jahreswechsel wird traditionell sehr viel Hummer importiert, vor allem aus Kanada und USA.
Info:	Einst waren die Helgoländer Hummer wegen ihrer Größe und ihres Wohlgeschmacks berühmt, doch Überfischung hat ihn auf wenige Exemplare reduziert. Jetzt wollen Meeresbiologen den Hummer wieder um den Roten Felsen ansiedeln. Ganz andere Sorgen haben die Kanadier: Trotz starkem Abfangs vermehren sich dort die Hummer wie verrückt – 30 000 Tonnen fängt man dort pro Jahr.

Krustentier

Hummer mit Mayonnaise

➤ **Zutaten (4 Personen)**

FÜR DIE MAYONNAISE:
1 Eigelb, 150–200 ml Olivenöl, Senf
Tabasco, Salz, Pfeffer, 1 Hand voll Kerbel
FÜR DEN HUMMER:
4 Stangen Sellerie, 1 Karotte, 1 Zwiebel
1 Kräuterbündel aus Petersilie, Thymian,
Lorbeer, Salz
1 Hummer à 600 g

➤ **Zubereitung:**

Aus den Zutaten eine Mayonnaise zubereiten. Zum
Schluss den gehackten Kerbel darüber streuen.
Mayonnaise kühl stellen.

Sellerie und Möhre putzen, die Zwiebel schälen.
Wasser in einem großen Topf erhitzen (der Hummer
muss später ganz mit Wasser bedeckt sein), 1 Selle-
riestange, Möhre und Zwiebel mit dem Kräuterbündel dazugeben, kräftig salzen. Den Hummer im
kochenden Wasser 13 Minuten ziehen lassen, den
Hummer herausnehmen. Die Gemüse aus dem Hum-
merwasser nehmen, abkühlen lassen, putzen und in
Stücke schneiden. Sellerie in dünne Scheiben schneiden und über den Hummer geben. Den Hummer mit
den Gemüsen und der fertigen Mayonnaise servieren.

Tipp: Rechnen Sie als Kochzeit für die europäischen
Hummer 15 Minuten, denn die Schale ist dicker als
die der kanadischen, die nur 13 Minuten brauchen.
Nach dem Kochen sofort in Eiswasser geben, sonst
gart das Tier im heißen Panzer nach.

JAKOBSMUSCHEL (Pecten Jacobaeus)

E: scallop, fan shell, F: coquille St.-Jacques, I: capa santa, pellegrina, P: vieira, penteola, S: rufina, capa santa

Zubereitung:	Dünsten, Braten, Gratinieren, ideal: kurz in Butter anziehen lassen, also ganz kurz von beiden Seiten anbraten bei nicht zu großer Hitze. Innen sollte das Muschelfleisch noch einen feuchten Kern haben.
Geschmack:	Nussig, leicht süßlich, runder Geschmack nach Meer.
Aussehen:	Halbrunde, strahlenartig gerillte Schalen mit zwei eckigen Winkeln, 8–15 cm Durchmesser, weißes Fleisch mit rotem Corail (Rogen).
Vorkommen:	Die Hauptfanggebiete liegen nördlich der Britischen Inseln im Atlantik, Jakobsmuscheln kommen aber auch im Mittelmeer vor.
Familie:	Sie stammt aus der großen Familie der Kammmuscheln.
Angebot:	In Küstennähe und gut sortierten Fisch- bzw. Feinkostläden frisch, sonst meist tiefgekühlt und geputzt.
Saison:	November bis März ist die beste Fangzeit in Europa.
Info:	Verwendet werden nur der orangerote Corail (Rogen) und der weiße Muskelstrang, der die beiden Muschelhälften zusammenhält. Der Corail, für einige Gourmets der absolute Hochgenuss, schmeckt nicht roh, sondern nur leicht gegart oder als Saucenzutat.
Tipp:	Zum Öffnen die Muscheln mit der tiefen Seite nach unten kurz auf eine warme Herdplatte stellen, dann hebt sich die obere Schale und man kann mit einem Messer die Schalen auseinander biegen. Zuerst den weißen Muskelstrang (Nuss genannt) in der tiefen Schale abtrennen, dann die flache Seite hochklappen, so kann man sehr einfach von der weißen Nuss die Fransen, den Bart und die ganzen Weichteile abziehen und wegwerfen. Letzte bräunliche Reste von der Nuss entfernen und am Fuß von der Schale schneiden.

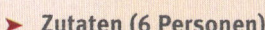

Jakobsmuscheln mit Safran

➤ Zutaten (6 Personen)

12 Jakobsmuscheln, 150 g kleine Champignons, 1 Zwiebel, 1 Möhre, 130 g Butter 100 ml Milch, 1 Kräuterbündel (Petersilie, Thymian, Lorbeer), 1 Messerspitze Safran 70 g Mehl, 80 g geriebener Emmentaler-Käse Salz, Pfeffer

➤ Zubereitung:

Die Muscheln öffnen und abspülen. 6 Muscheln zurücklegen. Die übrigen entbarten und die Nuss mit dem roten Corail herausschneiden. Die Champignons putzen. Zwiebel und Möhre schälen, klein schneiden und in 40 g Butter andünsten, die Muschelnuss und den Corail dazugeben. 6–8 Minuten bei schwacher Hitze ziehen lassen. Dann das Muschelfleisch herausnehmen. 100 ml Wasser, die Milch, Kräuterbündel und Safran dazugeben. 20 Minuten zugedeckt köcheln lassen. Champignons dazugeben und 15 Minuten weiterköcheln lassen. Champignons herausnehmen. Den Rest durch ein Sieb passieren und beiseite stellen. Den Backofen auf 220° vorheizen. Für die Sauce 70 g Butter schmelzen lassen, das Mehl darin anschwitzen und mit dem Schneebesen den Sud unterrühren. Die Sauce salzen und pfeffern, 60 g Käse unterheben. Das Muschelfleisch klein schneiden und in die tiefen Schalen der Muscheln zusammen mit den Champignons füllen. Die Sauce zugießen, mit den restlichen Butterstückchen und dem Käse bestreuen. Im Backofen (Mitte, 200° Umluft) in 10 Minuten überbacken und sofort servieren.

KABELJAU/DORSCH (Gadus Morhua)

E: cod, F: cabillaud, morue fraîche, I: merluzzo,
P: bacalhau do atlantico, S: bacalao comun

Ersatz:	Lengfisch, Rotbarsch, Seehecht, Seelachs.
Zubereitung:	Kochen, Filets in Butter braten, eigentlich ein typischer Kochfisch, dessen geglückte Zubereitung viel Fingerspitzengefühl erfordert – er muss an der Gräte noch ganz fest sein, die äußeren Fleischpartien dürfen jedoch nicht zu weich sein, damit man ihn noch im Ganzen aus dem Topf bekommt. Achtung: zerfällt schnell! Ein sehr empfindlicher Fisch, der schnell verarbeitet werden muss.
Geschmack:	Zartes, festes Fleisch, dezent salzig, fast fettlos, schmeckt am besten, wenn das Eiweiß nach dem Kochen in kleinen weißen Partikeln zu sehen ist – ein Zeichen von absoluter Frische.
Aussehen:	Großer Kopf, vorspringender Oberkiefer mit charakteristischer heller Seitenlinie vom Maul bis zum Schwanz, hellgrau mit kleinen Punkten, weißer Bauch, kleiner Haken am Kinn, wird bis zu 1,5 m lang, in der Ostsee deutlich kleiner.
Vorkommen:	Nordsee/Nordatlantik (Grönland, Alaska, Kanada) früher reichlich auch in der Nord- und Ostsee, wo er durch gnadenlose Überfischung fast ausgerottet wurde. Experten vermuten, dass die Erwärmung der Nordsee den Kabeljau, der kaltes Wasser liebt, nach Norden vertrieben hat.
Familie:	Zur Dorsch-Familie gehören über 200 Arten. Dorsch wird er genannt, wenn er in der Ostsee gefangen wird.
Gehalt:	82 kcal/342 kJ, 17,7% Eiweiß, 0,4% Fett, enthält Natrium, Kalium und Eisen.
Angebot:	Filet, Kotelett, am Stück, im Ganzen (Dorsch), gesalzen und getrocknet (Klippfisch), luftgetrocknet (Stockfisch).
Saison:	Wie alle Seefische schmeckt er im Herbst am besten, im Winter schmeckt der Skrei-Kabeljau von den Lafoten besonders gut.

Dorsch mit Senfsauce

➤ **Zutaten (4 Personen)**

FÜR DIE SAUCE:
600 g Sahne
400 ml Fisch- oder Hühnerfond
80 g Butter
4-8 EL guter Senf, je nach Schärfe
FÜR DEN FISCH:
1 Bund Suppengrün
Salz
2 Lorbeerblätter
4 Wacholderbeeren
1 Dorsch à 1,5 kg (vom Fischhändler filetieren lassen, Haut dranlassen)
4 dünne Scheiben Zitrone zum Garnieren
Öl für den Einsatz

➤ **Zubereitung:**

Für die Sauce Sahne, Fond und Butter in einem Topf aufkochen und dabei mit dem Schneebesen ständig schlagen. Die Sauce auf die Hälfte reduzieren und den Senf unterrühren. Sauce beiseite stellen, sie darf jetzt nicht mehr kochen, sonst wird sie bitter. Suppengrün putzen und in Juliennestreifen schneiden. Den Einsatz des Fischtopfs ölen. Soviel Wasser in den Topf geben, dass der Einsatz gerade bedeckt wird. Gemüse und Gewürze dazugeben, Sud kräftig salzen. Die Fischfilets mit der Haut nach unten auf den Einsatz legen und 6–8 Minuten über dem aufwallenden Sud dämpfen. Inzwischen die Sauce vorsichtig erwärmen, nach Belieben abschmecken. Fisch im Ganzen servieren und am Tisch filetieren. Sauce und Gemüse dazu reichen.

KARPFEN (Cyprinus carpius)

E: carp, F: carpe, G: kiprinos, I, P, S: carpa

Ersatz: Schleie, Waller.

Zubereitung: Kochen (Karpfen blau), Backen, wird auch gefüllt zubereitet. Den Jahreswechsel feiert der Karpfen traditionell im Topf als »Karpfen blau«. Der »gefilte Fisch« ist ein berühmtes jüdisches Traditionsgericht. Ursprünglich eine seltene Fastenspeise, ist der Karpfen heute der beliebteste Süßwasserfisch weltweit, in Deutschland hat er aber an Bedeutung verloren.

Geschmack: Mageres, wohlschmeckendes Fleisch. Karpfen aus Teichen müssen vor dem Schlachten noch einige Tage in Becken mit klarem Wasser gehalten werden, damit sie ihren muffigen Geschmack verlieren.

Aussehen: Grünbrauner bis schwärzlicher Rücken, gelbweißer Bauch. Im verkaufsfähigen Alter von drei Jahren sind Karpfen meist 40 cm lang und wiegen bis zu 2 kg. Bei uns gibt es vor allem zwei Sorten: den Spiegelkarpfen (der beliebteste) und den Leder– oder Nacktkarpfen, der keine Schuppen hat.

Vorkommen: Stehende Gewässer, ursprünglich aus Asien, heute einer der erfolgreichsten Zuchtfische.

Familie: Gehört zur Familie der Karpfenfische.

Gehalt: 125 kcal/522 kJ, 18% Eiweiß, 4,8% Fett, viel Cholesterin, sehr viel Vitamin A.

Angebot: Meist frisch im Ganzen, selten geräuchert.

Saison: Ganzjährig, aber am besten nach dem Abfischen im Herbst.

Info: Alljährlich feiern die Karpfenzüchter das Abfischen ihrer Teiche mit einem großen Fest. Dann wird das Wasser abgelassen und die zappelnden Karpfen eingesammelt.

Karpfen blau

➤ **Zutaten (4 Personen)**

500 g kleine, festkochende Kartoffeln
Salz
1,5–2 kg Karpfen (küchenfertig)
1 Suppengrün (Lauch, Karotte, Sellerie)
3 EL Essig
125 g geschlagene Sahne
1 Prise Zucker, 2 TL Essig
100 g frischer, fein geraspelter Meerrettich
150 g Butter

➤ **Zubereitung:**

Kartoffeln schälen und in Salzwasser nicht zu lange kochen.

Inzwischen den Karpfen gut abspülen und alle Blutreste entfernen. Suppengrün putzen und klein schneiden. In einem Topf 3 l Salzwasser erhitzen, Suppengrün und Essig dazugeben. Karpfen im siedenden Wasser 18 Minuten ziehen lassen, der Fisch darf nicht kochen. Während der Fisch gart, Sahne mit Zucker, Salz und 2 TL Essig abschmecken. Mit 2 EL Meerrettich verrühren. In eine Schüssel geben und noch ein wenig Meerrettich darüber geben. Butter erwärmen. Karpfen auf einer vorgewärmten Platte anrichten. Kartoffeln, Butter und Meerrettichsahne dazu servieren.

Tipp: Damit der Karpfen ganz blau wird: Den Fisch vor dem Kochen mit einer Mischung aus 1 Tasse Essig und 1 Tasse kochendem Wasser von beiden Seiten begießen. In das Kochwasser dann keinen Essig mehr geben, sondern nur salzen.

E: caviar, F: caviar, I: caviale, S: caviar

Zubereitung:	Pur genießen, manchmal als Saucenzusatz.
Geschmack:	Eine Explosion aus feinem Salz, wenig Fisch, vielleicht ein wenig Jod – ansonsten der reine Geschmack. Darf nicht fischig schmecken, das wäre ein Hinweis auf schlechte Ware.
Aussehen:	Glänzend, die Oberfläche des Glases oder der Dose muss ganz glatt und vollgefüllt sein, durchhängende Oberfläche deutet auf zu alte Ware hin.
Vorkommen:	Kaspisches Meer, Zuchtproduktion in Frankreich.
Herkunft:	Gereinigter, gesalzener Rogen des Störs oder Haussens, früher gab es diese Fische im Überfluss auch bei uns. Gewässerverschmutzung und Raubbau haben ihn in seiner Ur-Heimat auf ein Minimum reduziert.
Info:	Kein echter Kaviar sind Keta-Kaviar (Fischrogen vom Lachs, sehr großes Korn, kräftiger Geschmack, dunkelorange Färbung) und Forellen-Kaviar (Rogen der Forelle, kleines Korn, gelblich). Beide Sorten sind eine preisgünstige Alternative zum echten Kaviar vom Stör.
	Deutscher Kaviar stammt aus dem Rogen des Seehasens. Lässt sich als Kaviar-Ersatz zu Dekorationszwecken einsetzen.
Saison:	Ab Herbst beginnt in Russland und im Iran die Kaviar-»Ernte«.
Info:	Nur Kaviardosen mit EU-Nr. kaufen, sonst fördern Sie den Schwarzmarkt. Das Kaviargeschäft weltweit ist von kriminellen Elementen unterwandert, was letztlich die Ausrottung des Störs zur Folge hat.

Kaviar mit Blinis

➤ **Zutaten (4 Personen)**

½ Würfel Hefe (21 g)
½ TL Zucker
125 g Weizenmehl
125 g Buchweizenmehl
3 Eier
Salz
⅛ l lauwarme Milch
125 g Sahne
100 g Kaviar
(nach Geschmack und
Geldbeutel, auch Keta-
oder Forellenkaviar)
Saure Sahne oder Crème fraîche nach
Belieben
Öl zum Braten

➤ **Zubereitung:**

Hefe, Zucker und 2 EL lauwarmes Wasser miteinander verrühren. Weizen- und Buchweizenmehl, 1 Ei und 1 Prise Salz darunter mischen, alles gut verkneten. Den Teig 20 Minuten zugedeckt gehen lassen Die Milch und die Sahne unter den Teig rühren. Die restlichen Eier trennen. Eigelbe unter den Teig ziehen, Eiweiße steif schlagen und unter den Teig heben. Öl in einer Pfanne erhitzen und bei mittlerer Hitze kleine Pfannkuchen aus dem Teig backen. Die bereits gebackenen Blinis im Backofen warm halten. Mit dem Kaviar und nach Belieben der sauren Sahne oder Crème fraîche servieren.

LACHS (Salmo salar)

E: salmon, F: saumon, G: solomos, I: salmo, P: sãlmao do Atlântico, S: salmón

Ersatz:	Lachsforelle.
Zubereitung:	In der Küche ein sehr vielseitig zu verwendender Fisch. Er schmeckt gebraten, gedünstet, gebeizt und geräuchert.
Geschmack:	Delikates, zartes Fleisch mit einem kräftigen unverwechselbarem Geschmack.
Aussehen:	Silbrig glänzend, dunkelgrau am Rücken und hell, fast weiß am Bauch. Bis zu 1 m lang und bis zu 35 kg schwer. Das Fleisch ist charakteristisch hellrot. Beim Farmlachs sind die Rückenflossen gekrümmt, beim echten Wildlachs sind sie normal entwickelt
Familie:	Gehört zu den lachsartigen Fischen, zu denen auch die Forellen und die Saiblinge gehören.
Gehalt:	217 kcal/907 kJ, 19,9% Eiweiß, 23,6% Fett, hoher Kaliumanteil.
Angebot:	Frisch (als ganzer Fisch und Filets), auch tiefgekühlt als Filets, geräuchert und gebeizt im Handel. Beherrscht wird das Angebot von norwegischem Farmlachs (siehe Tipp).
Saison:	Zuchtfisch wird das ganze Jahr über in gleicher Qualität angeboten.
Info:	Vorsicht bei Billigangeboten für geräucherten Lachs. Selbst wenn die Belieferung von Supermarktketten mit diesen Produkten ebenfalls von den großen Produzenten erfolgt, ist die Qualität der Ware nicht befriedigend.
Tipp:	Das Produkt Farmlachs wird zu Unrecht gelegentlich verteufelt, doch gäbe es ohne die norwegischen Fischzüchter diesen edlen und wohlschmeckenden Fisch überhaupt nicht mehr – und keinesfalls zu diesen Preisen. Auch Feinschmecker können den Unterschied zwischen Qualitäts–Farmlachs und Wildlachs nur schwer herausschmecken – das ist eher über äußere Merkmale wie Flossen und Festigkeit des Fleisches möglich.

Gebeizter Lachsrücken auf Zaren-Art

➤ **Zutaten (10 Personen)**

2 Orangen, 2 Zitronen, 4 grüne saure Äpfel
2 kg Salz, 1 kg Zucker, 4 El milder Rosen-
paprika, 2 El Ingwerpulver, 1 El gemahlener
Anis, 1 El gemahlener Zimt
je 1 El Pimentkörner, Wacholderbeeren,
schwarze Pfefferkörner, weiße Pfefferkörner,
Nelken, Fenchelsamen, Senfsaat, 15 zerbröselte Lorbeerblätter, 2 zerbröselte Zimtstan-
gen, 100 ml Orangensaft, 100 ml Cognac, Öl
1 Lachsseite mit Haut ohne Gräten

➤ **Zubereitung:**

Geschälte Orangen, Zitronen, Äpfel durch die gröbste
Scheibe eines Fleischwolfs drehen. Alle weiteren Zutaten (bis auf den Lachs und Öl) vermischen. Die
Lachsseite in eine längliche Form, möglichst aus
Porzellan, mit der Hautseite nach unten legen und
mit der Beize einige Zentimeter hoch bedecken. Mit
Alufolie abdecken und bei Zimmertemperatur 8
Stunden ziehen lassen. Die Lachsseite herausnehmen,
gut abspülen und trockentupfen. Gründlich mit Öl
bepinseln und 24 Stunden im Kühlschrank ruhen lassen. In dünne Scheiben aufschneiden und servieren.
Dazu passen Rösti. Die Beize aufbewahren – sie ist
nahezu unbegrenzt haltbar.

Diese Zubereitungsart ist die russische Variante zum
skandinavischen »graved lax«.

LENGFISCH (Molva molva)

E: blue ling, cod, F: grande lingue, I: molva, P: maruca–azul, S: maruca

Ersatz:	Kabeljau/Dorsch, Rotbarsch, Seehecht.
Zubereitung:	In der Pfanne braten oder auf Gemüse dünsten. In Schottland und in Nordnorwegen wird er getrocknet, gesalzen zu Klippfisch verarbeitet. Sein Verwandter, der Blauleng, ist bei uns noch eher unbekannt, schmeckt aber ungleich delikater.
Geschmack:	Festes weißes Fleisch, zarter Fischgeschmack.
Aussehen:	Langgestreckte, aalartige Körperform, bis zu 1,5 m Länge und ein Gewicht von bis zu 25 kg.
Vorkommen:	Europäische Küsten, Island und Spitzbergen.
Familie:	Gehört zur Kabeljau/Dorsch-Familie.
Gehalt:	Nur 0,6% Fettanteil.
Angebot:	Filet, frisch oder tiefgefroren, preisgünstig.
Tipp:	Blauleng wird nur als Beifang angelandet, deshalb sollte man jedes Blauleng-Angebot nutzen.
Info:	40 000 Tonnen Lengfisch werden jährlich in Europa, vor allem in Norwegen, gefangen.

Lengfischfilet mit Spinat in Weißweinsauce

➤ **Zutaten (4 Personen)**

300 g TK–Blattspinat
375 ml Fischfond
200 ml trockener Weißwein
200 g Crème fraîche
1 Eigelb
1 TL Zitronensaft
Salz
600 g küchenfertiges Lengfischfilet
20 g Butter
Pfeffer

➤ **Zubereitung:**

Blattspinat antauen lassen. Für die Sauce Fond und Wein in einem Topf um die Hälfte einkochen. 1 El Crème fraîche mit dem Eigelb verquirlen. Restliche Crème fraîche mit dem Fond verrühren. Verquirltes Ei vorsichtig unter die nicht mehr kochende Sauce rühren. Mit Zitrone und Salz abschmecken.

Wasser in einem breiten Topf aufkochen, stark salzen, den Fisch hineingeben und die Hitze sofort reduzieren. 10 Minuten zugedeckt ziehen lassen. Inzwischen Butter in einem Topf schmelzen und den Spinat darin 8 Minuten dünsten, salzen und pfeffern. Spinat mit den Fischfilets und der vorsichtig erhitzten Sauce servieren. Dazu passen Petersilienkartoffeln.

E: seabass, F: loup de mer, G: lavraki, I: spigola, P: robalo legitimo, S: lubina

Ersatz:	Flussbarsch, Brassen.
Zubereitung:	Braten, Grillen, Dünsten, Garen in der Salzkruste. Unbedingt im Ganzen zubereiten.
Geschmack:	Kleinfaseriges weißes Fleisch mit wenig Gräten, feiner, aromatischer Geschmack.
Aussehen:	Bis zu 1 m lang, wiegt dann 12 kg, im Handel bis höchstens 40 cm bei 1,5 kg Gewicht. Silbrige Schuppen, langgestreckte, fast elegante Form; fächerförmige, gezackte Rückenflosse.
Vorkommen:	Mittelmeer, portugiesische und französische Küste, Nordsee.
Familie:	Zählt zu den barschartigen Fischen innerhalb der Stachelflosser mit 150 Familien.
Gehalt:	89 kcal/374 kJ, 18,2% Eiweiß, 1,4% Fett.
Angebot:	Frisch im Ganzen.
Saison:	Schmeckt wie viele Seefische am besten während der kühleren Jahreszeit, ist aber das ganze Jahr erhältlich.
Info:	Ein Fisch mit vielen Namen, der auch fälschlich als Seewolf bezeichnet wird. Der sieht aber ganz anders aus, ist ein agressiver Raubfisch mit richtigen Hauzähnen in der Schnauze. Weitere Namen für den Loup: Seebarsch, Meerbarsch, Bar. Wolfsbarsch gilt als der feinste, er ist aber auch der teuerste Fisch. Bisher schlugen Zuchtversuche leider fehl.

Loup de mer in der Salzkruste

Ein Rezept von Lutz Niemann, Restaurant Orangerie, Timmendorfer Strand

➤ **Zutaten (4 Personen)**

> FÜR DIE FÜLLUNG:
> 1 Tomate, ¼ rote Paprikaschote, 1 Thymianzweig, 1 Rosmarinzweig, 20 g getrocknetes Fenchelholz oder Fenchelsamen
>
> FÜR DIE SALZKRUSTE:
> 3 Eiweiß, 1 kg grobes Meersalz
>
> FÜR DEN FISCH:
> 1 Loup de mer (etwa 1,5 kg, küchenfertig)
>
> FÜR DIE SAUCE:
> 250 ml Fischfond, 250 ml Geflügelfond, 1 EL feingehackte Schalotten, 2 Thymianzweige, 1 Rosmarinzweig, 50 g kalte Butterflöckchen, Salz

➤ **Zubereitung:**

> Tomate und Paprika kleinschneiden, Kräuter fein hacken. Alle Zutaten für die Füllung vermischen und den Bauch des Fisches damit füllen. Backofen auf 220° vorheizen. Für die Kruste die Eiweiße schaumig schlagen und unter das Salz heben. Den Boden des Backblechs mit Salz bedecken und den Fisch drauflegen. Mit dem restlichen Salz den Fisch bedecken. Im Backofen (Mitte, Umluft 200°) 30–35 Min. backen. Für die Sauce die Fonds mit Schalotten, Thymian, Rosmarin auf ein Drittel einkochen lassen. Kräuter entfernen und den Fond mit Butter aufschlagen, mit Salz abschmecken. Salzkruste mit einem Hammer aufschlagen, Fisch am Tisch filetieren. Sauce und roten Reis dazu servieren.

MAKRELE (Scomber scombrus)

E: mackerel, F: maquereau, G: skumbri, I: scombro, maccerello, P: sarda, S: caballa

Ersatz: Große Sardinen.

Zubereitung: Braten, Grillen, Pochieren, Dünsten, gut zum Füllen geeignet, z.B. mit Kräutern, eingelegt in Essig und Zwiebeln eine besonders feine Delikatesse.

Beim Essen auf das dunkelbraune Fleisch am Rücken verzichten, denn das schmeckt oft sehr tranig. Leider geht ein Großteil der Makrelen-Fänge in die Konservenproduktion.

Geschmack: Kräftiger Fischgeschmack, saftig-würziges Fleisch. Schmeckt als Räucherfisch besonders ausgeprägt nach Rauch, Gräten lassen sich gut entfernen.

Aussehen: Blaue Querstreifen am Rücken, bis zu 40 cm lang, lebend leuchtend grünblau, nach dem Fang dann blausilbern.

Familie: Nord- und Ostsee, europäische Küste, Mittelmeer.

Gehalt: 195 kcal/817 kJ, 18,7% Eiweiß, 11,9% Fett, viel Kalium, Phosphor und Eisen, Vitamine A und B.

Angebot: Im Ganzen, geräuchert als Bückling.

Saison: März bis November, im Mai und Juli kommen die Makrelen in großen Schwärmen an die Küste, um dort zu laichen, dann herrscht meist ein Überangebot im Handel.

Tipp: Am besten schmeckt die Makrele geräuchert, und zwar wenn sie noch warm aus dem Rauch kommt, wobei die Fleckmakrele besonders zu empfehlen ist.

Eingelege Makrele Hikari Mono

➤ **Zutaten (4 Personen)**

2 küchenfertige Makrelenfilets, ohne Gräten,
aber mit Haut
Salz
250 ml Essig
30 g Zucker
2 EL geriebener frischer Ingwer
1 EL Wasabi (japanischer Meerrettich)
8 EL Sojasauce

➤ **Zubereitung:**

Die Filets abspülen, trockentupfen und in viel Salz
3 Stunden ruhen lassen. Dann das Salz sorgfältig
abspülen. Essig und Zucker verrühren. Darin die
Makrele mindestens 30 Minuten ziehen lassen.

Je frischer der Fisch ist, umso kürzere Zeit muss er
mariniert werden. Den Fisch quer zur Faser in finger-
breite Stücke schneiden. Für den optischen Genuss
die Haut der Fischstücke jeweils zweimal einritzen.
Ingwer, Wasabi und Sojasauce jeweils in kleinen
Schälchen anrichten. Am Tisch verrührt jeder Gast
Ingwer mit wenig Wasabi (sehr scharf) in der Sojasauce und dippt in diese Marinade die Fischstücke.

MEERÄSCHE (Mugil cephalus)

E: flathead grey mullet, F: mulet à grosse tête, G: kephalos, I: cefalo, P: rainha olhalvo, S: mujol

Ersatz:	Wittling, Dorade.
Zubereitung:	Gut geeignet zum Garen und Dünsten im ganzen Stück. Auch unter der Salzkruste macht der gebürtige Mittelmeerfisch eine gute Figur. Vor der Zubereitung immer gründlich schuppen, jedoch nicht, wenn der Fisch in der Salzkruste gegart wird.
Geschmack:	Festes, weißes, meist hervorragendes Fleisch: Der Geschmack hängt sehr von der Ernährung und dem Wasser ab. Lebt die Meeräsche beispielsweise im Brackwasser, kann ihr Fleisch leicht modrig schmecken.
Aussehen:	Elegante Stromlinienform, silbrige Schuppen. Der Rücken hat eine dunkelgraue Färbung, der Bauch ist weißlich. Die Meeräsche wird bis 1,5 m lang und 4 kg schwer.
Vorkommen:	Lebt in fast allen europäischen Küstengewässern, aber vor allem im Mittelmeer.
Gehalt:	31 kcal/546 kJ, 20,4% Eiweiß, 4,3% Fett, viele Mineralstoffe, da sie sich von Algen ernährt und ein absoluter Vegetarier ist.
Angebot:	Meist frisch im Ganzen. Meeräsche ist eine preisgünstige Alternative zu anderen teilweise überteuerten Edelfischen. Im Mittelmeerraum wird ihr Rogen durch Salzen und Pressen haltbar gemacht und als Boutargue (Frankreich) bzw. Bottarga (Italien) angeboten.
Saison:	Ganzjährig erhältlich, denn Meeräschen werden auch gezüchtet (siehe Info).
Info:	Die Meeräsche ist einer der ältesten Zuchtfische: In der Nähe von Venedig hat man einige Lagunen abgesperrt, in denen man den silbrigen Fisch mit Aalen zusammen seit Jahrhunderten züchtet.
Tipp:	Die Meeräsche nicht selber ausnehmen, das ist bei diesem Fisch eine sehr unangenehme Arbeit.

Gebackene Meeräsche aus dem Ofen auf Chablisgemüse

➤ **Zutaten (4 Personen)**

4 küchenfertige Meeräschen à 250–300 g
Salz, Pfeffer
2 Zwiebeln
4 Frühlingszwiebeln
2 Möhren
200 ml Fischfond
200 ml Chablis
50 g Butter

➤ **Zubereitung:**

Die geschuppten und gesäuberten Fische innen und außen mit Salz und Pfeffer würzen. Den Backofen auf 190° vorheizen.

Zwiebeln schälen und klein würfeln, Frühlingszwiebeln in Ringe schneiden, Möhren putzen und in Stifte schneiden. Gemüse in eine ausreichend große backofenfeste Form geben, Fischfond angießen, salzen und pfeffern. Die Meeräschen auf das Gemüse legen, Chablis angießen, die Butter in Flöckchen auf den Fischen verteilen. Im Ofen (Mitte, Umluft 170°) 20–30 Minuten garen.

MERLAN/WITTLING (Merlangius Merlangus)

E: whiting, F: merlan, G: bakaliaros tauki, I: merlano, nasello atlantico, P: badejo, S: merlán, plegonero

Ersatz:	Seehecht.
Zubereitung:	Braten, Dünsten, Pochieren. Sehr empfindlicher Fisch, der schnell verarbeitet werden muss. Im englischen Aberdeen trocknet man den Merlan im Nordseewind, bestreicht ihn mit Salzwasser und macht aus ihm eine regionale Spezialität. In Großbritannien hat der Merlan die Nachfolge des Kabeljaus als Grundlage des Nationalgerichts Fish and chips angetreten.
Geschmack:	Würzig, aber fein, weißes, zartes, grätenfreies Fleisch.
Aussehen:	Leicht zu erkennen an einem schwarzen Punkt neben der Brustflosse, bis zu 40 cm lang, der Rücken ist dunkler als der Bauch.
Familie:	Dorsch-Familie, gehört zu kleineren Sorten.
Vorkommen:	In allen europäischen Meeren.
Gehalt:	88 kcal/368 kJ, 17,4% Eiweiß, 0,8% Fett.
Angebot:	Frisch im Ganzen, Filets, auch geräuchert
Saison:	Anfang November bis Ende März.
Info:	Es gibt auch noch den Blauen Wittling (Micromesistus poutassou), der erst vor einigen Jahren von der Hochseefischerei »entdeckt« wurde. Sein Fleisch ist sehr empfindlich, aber wohlschmeckend und wird sofort gefrostet, um für Surimi-Produkte verarbeitet zu werden.
Tipp:	Merlan passt gut zu anderen Fischen in einer Suppe oder einem Ragout.

Fish and chips

➤ **Zutaten (4 Personen)**

> 1 kg Kartoffeln
> 800 g Merlanfilets
> 2 geschlagene Eiweiß
> 200 ml Ketchup
> 2 EL Apfelessig
> 1 EL Zucker
> Mehl zum Wenden
> Fett zum Frittieren
> Öl zum Braten

➤ **Zubereitung:**

> Kartoffeln schälen und in fingerdicke Stifte schneiden. Gründlich abspülen und trockentupfen. Das Fett in einem Topf oder Fritteuse erhitzen, die Kartoffeln darin portionsweise frittieren, herausnehmen und auf Küchenpapier abtropfen lassen. Backofen auf 150° vorheizen. Das Fett wieder erhitzen und die Pommes Frites ein zweites Mal frittieren, danach im Backofen warm stellen.
>
> Merlanfilets in 5 x 5 cm dicke Streifen schneiden.
>
> Öl in der Pfanne erhitzen, Merlan zuerst im Eiweiß und dann im Mehl wenden. Sofort in die Pfanne geben, nach 2 Minuten wenden. Sobald die Fischstücke goldbraun sind, herausnehmen und abtropfen lassen.
>
> Ketchup mit Essig und Zucker verrühren. Fisch und Kartoffeln auf Teller geben, Ketchup dazu reichen.

Miesmuschel (Myrilus edulis)

E: blue mussel, F: moule commune, G: mouscle, I: mitilo comune, cozza, P: mexilhao, S: mejillón, mocejone

Zubereitung:	Kochen (beispielsweise in Weinsud), Braten, Grillen, in Suppen.
Geschmack:	Ein paar gekochte Miesmuscheln frisch aus dem Topf – da rücken das Meer, Wind und Wellen ein ordentliches Stück näher an den heimatlichen Esstisch.
Aussehen:	Schwarzes Schalenpaar, innen helles Perlmutt, außen Schiefer. Das Muskelfleisch soll hell, nicht zu orange sein.
Vorkommen:	Im nördlichen Teil aller Ozeane; wird heute fast überall in künstlichen Anlagen gezüchtet.
Familie:	Muscheln (Schal- und Weichtiere).
Gehal:	Viel Kalium, Phosphor, Vitamine B und C.
Saison:	September bis April.
Tipp:	Nur entsandete Miesmuscheln kaufen – alles andere bedeutet sehr viel Mühe. Die Miesmuscheln werden nach der Ernte von den Muschelbänken im Laderaum des Muschelfischers geflutet – die Muschel denkt, es ist Flut und frische Nahrung wird ihr zugespült – sie öffnet ihre Schalen und das Meerwasser spült den Sand aus ihr heraus. So entsandet die Natur.

Muscheln auf Sauerkraut

➤ **Zutaten (4 Personen)**

500 g Kartoffeln, 200 g Sahne, Salz, Pfeffer, Muskatnuss, 1 gewürfelte Zwiebel, 50 g Butter, 1 kg Sauerkraut, 4 Lorbeerblätter, 200 ml Weißwein, 100 ml Fleischbrühe, 1 Stange Lauch, 1,5 kg Miesmuscheln, 8 EL Sauce Hollandaise (Fertigprodukt), 1 Bund gehackte Petersilie

➤ **Zubereitung:**

Kartoffeln schälen, in 2 mm dicke Scheiben schneiden und mit der Sahne, Salz, Pfeffer und Muskatnuss nicht zu weich kochen. Die Zwiebel im Topf in der Butter andünsten, das gewaschene zerpflückte Sauerkraut und die Lorbeerblätter dazugeben. Nach 2 Minuten den Wein (1 Glas beiseite stellen) und die Fleischbrühe dazugießen, das Kraut 10–15 Minuten dünsten. Inzwischen Lauch putzen, waschen und in grobe Stücke teilen. Muscheln säubern (nur die geschlossenen verwenden!), mit Lauch und dem restlichen Wein zugedeckt so lange garen, bis sich alle Muscheln geöffnet haben (dabei mehrmals den Topf durchschütteln). Den Muschelfond durch ein Sieb geben und beiseite stellen. Das Sauerkraut in einer flachen Auflaufform verteilen und mit 100 ml Muschelfond begießen, die geöffneten Muscheln darauf setzen und mit der Sauce Hollandaise übergießen. Kurz unter den heißen Grill schieben und nur etwas Farbe annehmen lassen. Mit Petersilie bestreut zu den Sahnekartoffeln servieren.

E: brown shrimp, F: crevette grise, I: gambaretto grigio, S: quisquilla

Zubereitung: Nordseekrabben passen zu vielen Fischgerichten - mit Krabben gefüllte Scholle ist gleichermaßen beliebt wie Krabbencocktails. Krabbensuppen sind ein Gedicht, dementsprechend viele Variationen gibt es. Immer wieder lecker: Krabben mit Rührei.

Geschmack: Krabben sind salziger und schmecken kräftiger nach Meer als andere Krebsarten.

Aussehen: Leicht rosafarben. Einige Tage alte Krabben erkennt man am leichten Grauton. Der Chitinpanzer muss fest sein, sonst handelt es sich um aufgetaute Tiefkühlware. Sie werden durchschnittlich bis zu 9 cm lang, haben lange Fühler am Kopf und der Schwanz gekochter Krabben ist gebogen.

Vorkommen: Nordseekrabben werden in den Wattenmeeren der Nordsee von speziellen Krabbenkuttern gefangen. Sie kommen auch in der Ostsee, im Ostatlantik und im Mittelmeer vor.

Gehalt: Sehr viel Eiweiß, wenig Fett, viel Kalzium und Magnesium.

Angebot: Sämtliche Nordseekrabben werden direkt nach dem Fang auf hoher See gekocht. Dabei werden sie mit Benzoesäure konserviert. Sie werden vor allem gepult angeboten, frisch, tiefgefroren und als Konserve. Ungepulte Krabben erhält man selten.

Am besten schmecken sie frisch vom Kutter. Nordseekrabben, die in Marokko oder Polen geschält wurden, sind bereits einige Tage alt, bevor sie im Laden angeboten werden. Das führt zu Geschmackseinbußen.

Nach Ansicht von Meeresbiologen wird das Angebot in den nächsten Jahren knapp.

Saison: Von April bis Oktober, aber Krabben sind fast ganzjährig erhältlich.

Info: Im Volksmund heißt sie zwar Krabbe, aber zoologisch korrekt ist Garnele, Nordseegarnele oder Sandgarnele.

Holsteiner Kartoffelsuppe mit Krabben

➤ **Zutaten (4 Personen)**

100 g gelber Lauch
600 g mehlig kochende Kartoffeln
50 g Butter
100 g Speckwürfelchen
1 fein gewürfelte Zwiebel
1 l Fleischbrühe (selbst gekocht oder Instant)
250 g Sahne
Salz, Pfeffer
1 Prise Muskatnuss
200 g frische gepulte Nordseekrabben
4 EL gehackte Blattpetersilie

➤ **Zubereitung:**

Lauch waschen, Kartoffeln schälen und beides in kleine Würfel schneiden. Butter in einem Topf erhitzen, Speckwürfelchen und die Zwiebel darin leicht anschwitzen. Lauch- und Kartoffelwürfel dazugeben, mit Fleischbrühe auffüllen und alles in 20 Minuten weich kochen. Mit dem Mixstab alles fein pürieren, Sahne unterrühren, mit Salz, Pfeffer und abschmecken. Krabben und Petersilie auf die Teller verteilen, mit der Suppe auffüllen.

Tipp: Wenn Sie an der Küste sind, nutzen Sie das Angebot ungepulter Krabben, und pulen Sie selbst. Krabben pulen leicht gemacht: Den Kopf der Krabbe mit Daumen, Zeige- und Ringfinger festhalten. Mit den gleichen Fingern der rechten Hand den Schwanz leicht hin- und herbewegen, bis sich in der Mitte das Fleisch aus dem weichen Panzer löst.

PETERSFISCH/HERINGSKÖNIG (Zeus Faber)

E: John Dory, F: Saint–Pierre, G: christopsaro, I: pesce San Pietro, P: galo negro, S: pez de San Pedro

Ersatz:	Wolfsbarsch
Zubereitung:	Braten, Grillen, in Fischsuppen, z.B. für die berühmte Bouillabaisse, kann gut für Fischfarcen verarbeitet werden, dafür aber eigentlich zu teuer. Ein Edelfisch, mit dem die zahlreichen Rezepte für Seezunge ebenfalls gelingen.
Geschmack:	Mageres weißes, dabei festes Fleisch, die Franzosen nennen ihn auch deswegen »Huhn des Meeres«. Sehr wohlschmeckend.
Aussehen:	Großer schwarzer Fleck hinter dem Maul auf beiden Seiten, hoher Rücken, gebogene Seitenlinie, grau mit hellem Bauch, großer Kopf und große Augen, lange Stacheln an der Rückenflosse. Maximale Länge 70 cm, bis zu 8 kg schwer.
Vorkommen:	In fast allen Meeren der Welt.
Familie:	Petersfische, es gibt 15 Arten.
Gehalt:	88 kcal/367 kJ, 17,8% Eiweiß, 1,4% Fett.
Angebot:	Im Ganzen, als Filets, immer frisch und nie tiefgekühlt im Handel. Hochpreisiger Edelfisch, da er nicht in großen Mengen gefangen wird.
Saison:	Das ganze Jahr über.
Info:	Ein Fisch mit wenig Fleisch – 60 Prozent des Tieres sind Abfall.

Petersfisch mit frischen Gemüsen vom Markt

➤ **Zutaten (4 Personen)**

300 g Gemüse der Saison, z.B. Möhren,
Staudensellerie, Lauch, Zuckerschoten
1 l Fischfond (selbst gekocht, s. S. 15, oder
aus dem Glas)
2 Lorbeerblätter
Salz, Pfeffer
1 Spitzer Pernod
30 g Butter
600 g Petersfischfilet

➤ **Zubereitung:**

Das Gemüse putzen und in Streifen schneiden. Den
Fischfond mit einer Handvoll des Gemüses und den
Lorbeerblättern aufkochen und um die Hälfte einkochen. Den Fond durch ein Sieb geben. Mit Salz, Pfeffer
und Pernod abschmecken. Butter in einem breiten
Topf schmelzen lassen und darin die restlichen Gemüse kurz andünsten. Mit dem Fond auffüllen und
erhitzen. Vom Feuer nehmen und darin die Filets in
höchstens 3 Minuten gar ziehen lassen. Mit dem Fond
und dem Gemüse servieren.

P

PLÖTZE (Rutilus rutilus)

E: roach, F: gardon blanc, vangeron, I: triotto, P: pardelha dos alpes, S: rutilo comun

Zubereitung:	Braten, Frittieren, Grillen. Beim Braten und Frittieren die Fischfilets vorher in Mehl wenden. Vor dem Garen den Fischrücken mehrfach senkrecht einritzen oder beim Kochen Essig zugeben, dann stören die Gräten nicht mehr.
Geschmack:	Sehr fein und schmackhaft, leider ist er sehr gräten-reich.
Aussehen:	Wegen seiner rötlichen Augen heißt er auch Rotauge, wird bis zu 30 cm lang und ca. 200 g schwer, besitzt rötliche Flossen, grünsilbriges Schuppenkleid.
Vorkommen:	Einer der häufigsten Süßwasserfische überhaupt, es gibt ihn in Seen und Flüssen Mittel- bis Nordeuropas.
Familie:	Karpfenfische.
Gehalt:	Sehr geringer Fettanteil.
Angebot:	Wird kaum vermarktet, ein sehr beliebter Fang der Angler.
Saison:	Laichzeit von April bis Mai, Plötzen werden das ganze Jahr über gefangen.
Info:	Plötze gehören zu den Weißfischen, zu denen auch die Karausche (Carassius carassius), Rotfeder (Scardinius erythrophtalmus), Blei, Brachsen oder Brassen (Abramis brama), Döbel oder Aitel (Leuciscus cephalus) zählen.
Tipp:	Da Plötzen in manchen Regionen geradezu massenhaft auftreten, werden sie gefangen und an edlere Zuchtfische verfüttert. Von der Gattung Rutilus werden über 20 000 Tonnen jährlich gefischt.

Gebratene Plötze

➤ **Zutaten (4 Personen)**

> 700 g Plötzenfilets
> Salz, Pfeffer
> 100 g Mehl
> 3 Eier
> 150 g Semmelbrösel (möglichst selbst-
> gemacht)
> Öl zum Braten
> Zitronenscheiben

➤ **Zubereitung:**

> Die Filets abspülen und trockentupfen. Auf der Haut-
> seite in 1 cm Abstand mit der Rasierklinge oder
> einem sehr scharfen Messer senkrechte Einschnitte
> machen, dabei aber nur einritzen und nicht durch-
> schneiden. Die Filets würzen, in Mehl wenden. Eier
> verquirlen, die Filets zuerst darin und danach in den
> Semmelbröseln gründlich wenden. Öl in der Pfanne
> erhitzen und die Fische darin knusprig braten. Dazu
> passen Bratkartoffeln (siehe S. 31).

RENKE/MARÄNE/FELCHEN (Coregonus spec.)

E: whitefish, pollan, F: féra, corégone, I und S: coregone

Ersatz:	Forelle, Flussbarsch, Saibling.
Zubereitung:	In Butter braten, in Norddeutschland wird sie vor allem geräuchert, aber auch als Grillfisch gut geeignet. Am Bodensee werden die dort gefangenen Felchen auch gern gedünstet.
Geschmack:	Sehr fein im Geschmack, ganz leicht an Lachs erinnernd, zartes Fleisch.
Aussehen:	Silberglänzender Fisch, große Schuppen, sehr unterschiedliche Formen der einzelnen Arten.
Vorkommen:	In Norddeutschland ist die etwas kleinere Maräne in den größeren Seen zu Hause. Felchen leben im Bodensee, Renken im Starnberger See.
Familie:	Gehört zu den lachsartigen Fischen.
Gehalt:	109 kcal/435 kJ, 17,8% Eiweiß, 3,2% Fett, viel Vitamin A und E.
Angebot:	Im Ganzen, als Filets, Maränen werden in jedem Jahr in sehr unterschiedlichen Mengen gefangen, was ihre Vermarktung bisher einschränkte. Erste Zuchtversuche sind sehr erfolgreich verlaufen, sodass der Fisch das ganze Jahr über erhältlich ist.
Saison:	Saison ist das ganze Jahr, aber das Wachstum der Fische geht bei niedrigen Wassertemperaturen sehr zurück.
Info:	Ein sehr sensibler Fisch, der die Überdüngung der Seen in den 60er Jahren nur schwer verkraftet hat.
Tipp:	Nicht nur der Fisch ist eine Delikatesse, auch sein feinkörniger, orangefarbener Kaviar ist sehr wohlschmeckend.

Marinierte Maräne

➤ **Zutaten (4 Personen)**

500 g Maränenfilet
2 El Essig
1 El grober Senf
2 El Sahne
150 ml Fisch- oder Geflügelfond
4 EL Zitronensaft
Salz, Pfeffer

➤ **Zubereitung:**

Filets mit kaltem Wasser abspülen und trockentupfen. Essig, Senf, Sahne, Fond und Zitrone aufkochen, mit Salz und Pfeffer abschmecken. Abkühlen lassen. Den Fisch in der Marinade an einem kühlen Ort zugedeckt 12 Stunden marinieren. Die Filets herausnehmen. Die Marinade in einem Fischtopf kurz aufkochen und abkühlen lassen.

Die kalte Marinade über die Fischfilets gießen und nochmals 12 Stunden marinieren.

Kräftiges Landbrot dazu reichen.

ROCHEN/GLATTROCHEN (Raja batis)

E: ray, F: raie, pocheteau, I: razza, S: raya

Zubereitung:	Die Flügel werden pochiert oder besser gebraten, aber auch eingesalzen und getrocknet. Auch gegrillt und paniert, passt in Fischsuppen und -ragouts.
Geschmack:	Grobfaseriges weißes, schmackhaftes Fleisch, das aber sehr intensiv schmecken kann, grätenfrei.
Aussehen:	Spitze Schnauze, breite dreiecksförmige Flügel und langer dünner Schwanz, graugrün mit hellen Flecken, 1 m lang.
Vorkommen:	Vom Nordostatlantik über das Mittelmeer bis Afrika.
Familie:	Der Glattrochen, auch Grau- oder Blaurochen genannt, gehört zu den Knorpelfischen.
Gehalt:	Nur 0,2% Fett, viel Natrium und Kalzium.
Angebot:	Flügel, teilweise auch Teile des Schwanzrückens, frisch oder geräuchert.
Saison:	Rochen werden verstärkt zwischen Juni und August gefangen.
Achtung:	Vermutlich der einzige Fisch, den man nicht frisch verzehren sollte. Den Fisch deshalb 2 Tage kühl lagern, damit sich der starke Ammoniak-Anteil im Blut abbaut.
Info:	Die schleimige Haut des Rochens erneuert sich 10 Stunden nach seinem Tod und zeigt so an, wie frisch der Fisch ist.

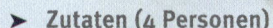

Rochenflügel auf zwei Gemüsen

➤ **Zutaten (4 Personen)**

500 g Spitzkohl
Salz, Pfeffer
125 g Möhren
150 g Butter
1 gehackte Schalotte
100 ml Sherryessig
1 El Crème fraîche
800 g Rochenflügel
Olivenöl zum Braten

➤ **Zubereitung:**

Nicht zu dicke Spitzkohlblätter auslösen, dicke Strünke entfernen, Blätter in kochendem Salzwasser fünf Minuten blanchieren. Abtropfen lassen, mit Salz und Pfeffer würzen. Möhren schälen und in nicht zu dünne Scheiben schneiden. In einen Topf geben, mit Wasser bedecken, mit Salz und Pfeffer würzen. Mit 2 EL Butter so lange köcheln lassen, bis die Flüssigkeit fast verdampft ist. Beiseite stellen. In einem Topf 2 EL Butter mit etwas Wasser erhitzen, die Kohlblätter dazugeben und 15 Minuten kochen lassen. Dann die Möhren dazugeben und noch 5 Minuten köcheln lassen. Die gehackte Schalotte mit dem Essig und Crème fraîche in einem Topf um die Hälfte einkochen lassen.

Rochenflügel in 4 Teile portionieren, unter fließendem Wasser gut abspülen und trockentupfen. Salzen, pfeffern und in Olivenöl von jeder Seite zwei Minuten anbraten. Gemüse auf Teller geben, Rochenflügel darauf setzen und mit der Sauce umgießen.

ROTBARBE/ROTE MEERBARBE (Mullus Barbatus)

E: red mullet, F: rouget de vase, G: kutsomura, I: triglia de fango, P: salmonete da vasa, S: salmonete de fango

Ersatz:	Goldbrasse, Dorade
Zubereitung:	Braten, Grillen, in Folie garen, Marinieren. Ein fester Bestandteil der mediterranen Küche. Rotbarben haben keine Galle, so kann man sie zubereiten ohne sie ausnehmen zu müssen. Muss geschuppt, aber nicht gehäutet werden.
Geschmack:	Sehr zartes, aromatisches, delikates Fleisch.
Aussehen:	Bis zu 35 cm lang, heller Bauch, kantiger Kopf mit Bartfäden an der Unterseite, hellrote Schuppen.
Vorkommen:	Nordsee, Atlantik, vor allem im Mittelmeer, vorwiegend in Küstengewässern.
Familie:	Gehört zu den Meerbarben mit 55 Arten.
Gehalt:	107 kcal/450 kJ, 20,1% Eiweiß, 2% Fett, viele Mineralstoffe.
Angebot:	Frisch im Ganzen.
Saison:	Ganzjährig, schmecken aber im September am besten.
Info:	Die meisten Meerbarben–Arten sind für die Fischwirtschaft sehr wichtige Fische, allein im Mittelmeer werden 40 000 Tonnen pro Jahr gefischt.
Tipp:	Rotbarbe schmeckt am besten gegrillt, sie darf aber auch bei einer Bouillabaisse nicht fehlen. Erst kurz vor dem Servieren in die Suppe geben, sonst zerfällt sie.

Rotbarben mit Oliven

➤ Zutaten (4 Personen)

3 El Olivenöl
4 küchenfertige, geschuppte Rotbarben à 250 g
1 gehackte Knoblauchzehe
3 El gehackte Petersilie
80 g gehackte schwarze Oliven
3 Anchovis (eingelegte Sardellen)
4 El Tomatenmark
200 g geschälte, geviertelte, entkernte Tomaten
Salz, Pfeffer

➤ Zubereitung:

Öl in der Pfanne erhitzen und die Fische 4 Minuten auf jeder Seite anbraten. Mit zwei Bratenwendern aus der Pfanne heben und beiseite stellen.

Knoblauch, Petersilie und Oliven in die Pfanne geben und drei Minuten bei kleiner Hitze ziehen lassen. Die Anchovis dazugeben, umrühren, bis sie zerfallen. Das Tomatenmark unterrühren und die Tomaten zugeben. Erhitzen und die Fische zurück in die Pfanne legen.

Alles 5 Minuten garen. Mit Salz und Pfeffer würzen.

Rotbarsch/Goldbarsch (Sebastes marinus)

E: golden redfish, F: grande sébaste, I: sebaste, P: peixe vermelho, S: gallineta, corvina

Ersatz:	Dorsch, Lengfisch, Seelachs.
Zubereitung:	Paniert gebraten (ein Klassiker: Rotbarschfilet mit Kartoffelsalat – das wohl bekannteste deutsche Fischgericht), aber auch pochiert oder natur gebraten sehr empfehlenswert. In England hat er vor vielen Jahren den teuren Kabeljau bei Fish and Chips vertreten.
Geschmack:	Festes, wunderbar saftiges Fleisch mit herzhaftem Aroma. Schmeckt sehr delikat.
Aussehen:	Der Feuermelder unter den Fischen – knallrot, gewöhnlich wird er 40 cm lang, manchmal bis zu 1 m. Sein Fleisch ist leicht rötlich.
Vorkommen:	Nördliche Meere.
Familie:	Gehört trotz seines Namens nicht zur Familie der Barsche, sondern zu den Panzerwangen, Stachelflossern.
Gehalt:	114 kcal/479 kJ, 18,2% Eiweiß, 3,6% Fett, viel Vitamin E.
Angebot:	Meist als Filet, an der Küste manchmal auch im Ganzen.
Saison:	Ganzjährig, denn er wird das ganze Jahr vor Island und Norwegen gefangen.
Info:	Rotbarsche gebären wie Hai und Rochen lebende Junge.
Tipp:	Der Fisch hat giftige Stacheln, deshalb vom Fischhändler küchenfertig machen lassen

Kalter Rotbarsch

➤ **Zutaten (4 Personen)**

4 Rotbarschfilets
Salz, Pfeffer, Zitronensaft
Olivenöl zum Braten
10 Stangen junger Lauch
20 entkernte grüne und schwarze Oliven
10 Safranfäden
FÜR DIE SAUCE:
10 Spinatblätter
5 Blatt Sauerampfer
1 Bund gemischte Kräuter
4 EL Mayonnaise

➤ **Zubereitung:**

Die Fischfilets kurz mit Salz, Pfeffer und Zitronensaft
marinieren. In reichlich Olivenöl von beiden Seiten
knusprig braten. Die Filets nebeneinander in eine
hochbordige Form legen. Den Lauch waschen und die
weißen Teile abschneiden. Die grünen Stangen in Öl
nur leicht anbraten. Die weißen Teile längs in Streifen
schneiden und in der Pfanne in Öl leicht anbräunen.
Die Safranfäden darüber streuen und kurz weiter
braten. Den weißen Lauch auf die Fischfilets geben,
darauf das Lauchgrün legen. Mit den klein gehackten
Oliven bestreuen. Alles mit Folie abdecken und
24 Stunden im Kühlschrank ruhen lassen. Für die
Sauce Spinat und Sauerampfer kurz blanchieren und
kalt abschrecken. Mit den gewaschenen Kräutern
sehr fein hacken und durch ein feines Sieb streichen.
Mit der Mayonnaise verrühren. Zum Anrichten die
Sauce zum Fisch servieren. Knusprig gebratene
Kartoffeln passen gut dazu.

Rotzunge/Limande (Microstomus Kitt)

E: lemon sole, F: limande sole, I: sogliola limanda,
P: solha limao, S: mendo limón

Ersatz:	Scholle, Steinbutt, Seezunge.
Zubereitung:	Braten in Butter, Gratinieren, Zubereitung wie Schollen oder Seezungen. Bei Rotzungen aber die kürzeren Garzeiten beachten.
Geschmack:	Weiches Fleisch, mild, nicht ganz so delikat wie die Seezunge.
Aussehen:	Platter, rundlich-ovaler Körper mit kleinem Kopf, fast hellrosa gefärbt. 40 cm lang und maximal 1,5 kg schwer. Sieht der Seezunge ähnlich.
EinkaufsTipp:	Die Rotzunge wird immer wieder als Seezunge angeboten – Vorsicht!
Vorkommen:	Nordsee, westliche Ostsee, Kattegatt, norwegische Küste.
Familie:	Gehört zu den Plattfischen, nah mit der Scholle verwandt.
Gehalt:	78 kcal/326 kJ, 16,7% Eiweiß, 1,2% Fett.
Angebot:	Frisch auf Eis, als Filets und im Ganzen.
Saison:	Winter.
Info:	Es werden etwa 10 000 Tonnen als Beifang mit Schleppnetzen gefangen.
Tipp:	Die robuste Schwester der Seezunge, preislich eine gute Alternative. Rotzungen unterscheiden sich von den Seezungen durch die breitere, fast eckige Form und das rötlichere Fleisch. Seezungen sind viel schmaler und haben ganz weißes Fleisch.

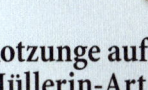

Rotzunge auf Müllerin-Art

➤ **Zutaten (4 Personen)**

4 Rotzungen (küchenfertig ausgenommen)
Salz, Pfeffer
Mehl zum Wenden
Öl und Butter zum Braten
Zitronensaft
gehackte Petersilie

➤ **Zubereitung:**

Fische abspülen und trockentupfen. Salzen und pfeffern. Gründlich in Mehl wenden. Öl und Butter in der Pfanne erhitzen. Fische darin von beiden Seiten goldbraun anbraten. Auf einer Platte anrichten, mit Zitrone beträufeln und mit Petersilie bestreuen.

Dazu passen gekochte Kartoffeln und Kräuterbutter.

SAIBLING (Salvelinus fontinalis)

Ersatz:	Renke (Felchen), Forelle.
Zubereitung:	Pochieren, leicht dünsten oder nur ganz schwach in Butter anziehen lassen. Die Zubereitung erfordert etwas Gespür.
Geschmack:	Festes, fabelhaftes Fleisch, ähnlich wie Lachs, dabei aber mit einem ganz eigenen leicht mineralischen Ton, vor allem der Seesaibling. Der Bachsaibling ist geschmacklich eher schal, was jedoch bei diesem Zuchtfisch stark von der Haltung abhängt.
Aussehen:	30 cm lang, wiegt etwa 1 Pfund. Kleine rote Flossen, heller Bauch, gelbe Flecken auf dem grünbraunen Rücken. Der Seesaibling ist silbriger gefärbt. Hellrotes Fleisch beim Seesaibling, weiße Färbung beim Bachsaibling.
Vorkommen:	Die Seesaiblinge stammen ursprünglich aus der schwedischen Seenplatte und werden erfolgreich in Norddeutschland gezüchtet. Saiblinge leben wild in Seen, auch in Höhenlagen wie der Schweiz.
Familie:	Gehören zu den forellenartigen Lachsfischen.
Angebot:	See- und Bachsaiblinge im Ganzen und filetiert.
Saison:	Wird als Zuchtfisch ganzjährig angeboten.
Tipp:	Dieser Fisch schmeckt besonders gut, wenn er außen nur ein wenig angebraten ist, möglichst in Butter, und an der Gräte noch fast roh ist.

Saibling im Blätterteig

➤ **Zutaten (4 Personen)**

450 g TK-Blätterteig, 1 Eiweiß, 4 Saibling-
filets à 150 g, 1 kleine Frühlingszwiebel,
150 g Champignons, 150 g Möhren, 1 EL
Butter, 3 EL Crème fraîche, 1 EL Estragon,
Salz, Pfeffer, 1 Ei
FÜR DIE KRÄUTERCREME:
½ Bund glatte Petersilie, ½ Bund Dill,
30 g Kerbel, 200 g Crème fraîche,
100 g Joghurt, Zucker, Salz, Pfeffer

➤ **Zubereitung:**

Die aufgetauten Blätterteigplatten zu Rechtecken von
20 x 25 cm ausrollen. Die Ränder mit Eiweiß bestreichen. Die geputzte und gewaschene Frühlingszwiebel,
Möhren und Champignons in feine Streifen schneiden und mit 1 EL Butter in einem Topf 10 Minuten
dünsten, dann mit der Crème fraîche 5 Minuten
einkochen. Mit Estragon, Salz, Pfeffer würzen und
abkühlen lassen. Je ein Viertel der Gemüsemischung
auf die untere Hälfte des Blätterteigs verteilen, dabei
einen Rand freilassen. Die Saiblingsfilets auf das
Gemüse setzen, salzen und pfeffern. Die obere Teig-
hälfte über den Fisch klappen und die Ränder fest
zusammendrücken. Die Teigtaschen mit verquirltem
Ei bestreichen und 30 Minuten kühl stellen. Den
Backofen auf 200° vorheizen. Für die Kräutercreme
die Kräuter abspülen und fein hacken, mit Crème
fraîche und Joghurt verrühren. Mit Zucker, Salz und
Pfeffer abschmecken. Die Blätterteigtaschen im Ofen
(Mitte, Umluft 180°) in 20 Minuten goldbraun
backen. Mit der Kräutercreme servieren.

SARDINE (Sardina pilchardus)

E: pilchard, F: sardine, G: sardella, I: sardina, P: sardinha, S: sardina

Ersatz: Makrelen, Sardellen, Heringe.

Zubereitung: Braten, Grillen, eingelegt in Marinade, ideal für mediterrane Gerichte. Alle Heringsrezepte können auch mit frischen Sardinen zubereitet werden.

Geschmack: Der Hering des Mittelmeeres, kräftig, würzig und fett.

Aussehen: Längsgestreckter Fisch mit 30 silbrigen Schuppen in der Körpermitte. Die Jungfische werden bis zu 10 cm lang, was sie für die Verarbeitung zu Dosenfisch prädestiniert. Sardinen werden bis zu 26 cm lang, doch dafür brauchen sie über 10 Lebensjahre. Große Sardinen sind meist unter 20 cm.

Vorkommen: Die verschiedenen Sardinenarten sind praktisch in allen Weltmeeren zu Hause. Diese »echte Sardine« lebt im Nordostatlantik von Südengland bis zu den Kanaren, Hauptfanggebiet ist das Mittelmeer.

Familie: Gehören zu den heringsartigen Fischen, somit zu den Schwarmfischen. Von den Heringen sind sie gut zu unterscheiden, da die Längskanten an ihren Kiemendeckeln verknöchert sind und sie dunkle Flecken entlang der Rückenlinie aufweisen.

Gehalt: 135 kcal/563 kJ, 19,4% Eiweiß, 5,2% Fett, Kalzium und Phosphor.

Angebot: Häufig als Konserve, mit großen Qualitätsunterschieden. Sardinen sind bei uns immer häufiger frisch erhältlich, es gibt teilweise auch gute TK-Ware.

Saison: Sie werden das ganze Jahr über vor allem im Mittelmeerraum gefangen.

Tipp: Den Trick mit der Dose, in der leider der überwiegende Teil der gefischten Sardinen landet, erfand ein gewisser Joseph Colin aus dem französischen Nantes. Aus dieser Region kommen auch heute noch die besten Ölsardinen. Lassen Sie die Dosen mindestens ein Jahr liegen, drehen Sie sie aber monatlich um, damit die obere Lage Sardinen nicht austrocknet. So entfalten die Sardinen ihren optimalen Geschmack.

Gebratene Sardinen

➤ **Zutaten (4 Personen)**

> 1 kg frische Sardinen
> Mehl
> Salz
> Olivenöl zum Braten
> 2 Knoblauchzehen nach Belieben
> Zitronenviertel zum Servieren

➤ **Zubereitung:**

> Fische abspülen, trockentupfen, in Mehl wenden und salzen. Reichlich Olivenöl in einer Pfanne erhitzen, die Fische kräftig von allen Seiten knusprig braten. Nach Belieben die Knoblauchzehen schälen und mit in die Pfanne geben. Mit den Zitronenvierteln reichen. Dazu einen jungen, kühlen Weißwein servieren.

SCAMPO, PL. SCAMPI (Nephrops norwegicus)

E: Norway lobster, scampo, F: langoustine, I: scampo,

Zubereitung:	Nur leicht erwärmen, essbares Fleisch aus dem Schwanz herausbrechen und pochieren. Eher wenig Fleisch in den Scheren, nur bei größeren Exemplaren. Schwänze mit Schale grillen oder kurz braten.
Geschmack:	An Krebsfleisch erinnernd, mit starkem Meeresgeschmack.
Aussehen:	Bis zu 24 cm Länge, normal sind 12 cm. Hellrosa Färbung, langgestreckter Körper.
Vorkommen:	Die gesamte Atlantikküste vom Nordkap bis Marokko, im ganzen Mittelmeer bis in die Adria.
Familie:	Ein naher Verwandter des Hummers, der auch als Tiefseekrebs bezeichnet wird.
Gehalt:	Sehr geringer Fettanteil, viel Eiweiß.
Angebot:	Frisch auf Eis, aber auch tiefgefroren in Gebinden, die besten Qualitäten kommen aus Nordeuropa. Die gefrorenen Schwanzstücke werden auch irreführend als »Langustenschwänze« angeboten.
Saison:	Werden das ganze Jahr über gefangen und angeboten, da sie in unterschiedlichen Gebieten gefischt werden.
Info:	Scampo heißt italienisch nur der Kaisergranat, leicht als kleiner Bruder des Hummers an seinen Scheren zu erkennen. In Frankreich wird er Langoustine genannt, hat aber nichts mit Langusten zu tun. Auch Riesengarnelen oder Shrimps werden häufig mit Scampi verwechselt, diese haben aber keine Scheren und sind ungekocht an ihrer graugrünen Farbe zu erkennen (siehe dazu auch Seite 125).
Tipp:	Riesenshrimps aus Kaltwasser-Zucht von guter Qualität stehen dem Scampo im Geschmack nur wenig nach.

Scampi in Pernod

➤ **Zutaten (4 Personen)**

400 g ausgelöste Scampi-Schwänze
Salz
Pfeffer
30 g Butter
1 gehackte Schalotte
20 ml Pernod
100 ml trockener Weißwein
100 ml Fischfond
150 g Crème fraîche
1 El feingehackter Estragon

➤ **Zubereitung:**

Die Scampi trockentupfen, mit Salz und Pfeffer würzen. Die Butter in der Pfanne erhitzen und die Scampi-Schwänze 2 Minuten darin wenden. Mit Pernod und Weißwein ablöschen. Zugedeckt 1 Minute ziehen lassen. Scampi herausnehmen und warm stellen. Den Fond in der Pfanne um die Hälfte reduzieren. Fischfond dazugießen und wieder um die Hälfte einkochen lassen. Crème fraîche mit dem Estragon unterrühren. Zu einer geschmeidigen Sauce einkochen und mit Salz und Pfeffer abschmecken. Scampi auf Teller geben und die Sauce angießen. Dazu passt Reis.

SCHELLFISCH (Melanogrammus aeglefinus)

E: haddock, F: églefin, I: asinello, P: arinca,
S: Abadajo comun, eglefino

Zubereitung: Braten, Pochieren, 5-minütiges-Dämpfen im Fischtopf. Gebraten verliert der Schellfisch allerdings an Geschmack. Ideal dazu passt eine Dillsauce. Das grätenarme Fleisch zerfällt leicht.

Geschmack: Kräftig, aber angenehm nach Jod und Meer. Weißes, schmackhaftes Fleisch mit feiner Struktur an der Brustflosse.

Aussehen: Ähnelt dem Kabeljau, ist aber durch eine schwarzen Seitenlinie und einem schwarzen Punkt oberhalb der Brustflosse leicht zu unterscheiden. Maximal wird er etwa 110 cm lang, handelsüblich sind Fische von 50 cm Länge und 2 kg Gewicht.

Vorkommen: Lebt im Nordatlantik, ist dort von Island bis zur Nordküste Spaniens verbreitet, aber auch an der nordamerikanischen Atlantikküste anzutreffen. Hauptfanggebiete sind die Nordsee, die isländische Atlantikküsten und die Barentssee.

Familie: Stammt aus der Familie der dorschartigen Fische.

Gehalt: 80 kcal/334 kJ, 17,9% Eiweiß, 0,2% Fett, viel Natrium, wenig Kalzium.

Angebot: Filets, Koteletts, im Ganzen, tiefgefroren, manchmal auch geräuchert.

Saison: Die kalten Monate.

Info: Die Engländer räuchern Schellfisch gern und nennen ihn dann »smoked haddock«. Bei uns ist er einer der wichtigsten Speisefische, leider ist er von Überfischung bedroht.

Tipp: Zum Pochieren die Filets mit der Hautseite auf den Topfeinsatz legen, den man vorher mit Öl bestrichen hat. So lässt sich nach dem Dämpfen das gegarte Filet leicht ablösen.

Pochierter Schellfisch mit Dillsauce

➤ **Zutaten (4 Personen)**

1 kleine gewürfelte Zwiebel
40 g Butter
50 ml trockener Weißwein oder Wermut
300 g Sahne
1 großes Bund Dill
Salz, Pfeffer
800 g Schellfischfilet mit Haut
Öl

➤ **Zubereitung:**

Die Zwiebel in der Butter andünsten, mit Wein und Sahne um die Hälfte einkochen, dann den gehackten Dill dazugeben. Sauce mit Salz und Pfeffer abschmecken und warm stellen. Den Fischtopf 3 cm hoch mit Wasser füllen, kräftig salzen und erhitzen. Den Topfeinsatz mit etwas Öl bestreichen (siehe Tipp) und die Filets mit der Hautseite nach unten darauf legen. Kräftig salzen. Den Einsatz über das dampfende, sprudelnde Wasser hängen und zudecken. 5 bis 7 Minuten, je nach Dicke der Filets, garen lassen. Die Filets vorsichtig auf Teller verteilen, Sauce dazu reichen. Servieren Sie dazu in Butter geschwenkte Pellkartoffeln.

SCHOLLE/GOLDBUTT (Pleuronectes platessa)

E: plaice, F: plie, I: passera, P: solha, S: solla

Ersatz:	Andere Plattfische wie Flunder, Steinbutt, Rotzunge.
Zubereitung:	Braten, als typischer Küstenfisch wird er so am liebsten gegessen und zwar frisch vom Kutter. Besonders beliebt »Finkenwerder Art« mit gebratenen Speckwürfeln bestreut. Filets werden auch gedünstet, aber am besten ist der ganze knusprig gebratene Fisch.
Geschmack:	Sehr festes, weißes, kräftig schmeckendes Fleisch.
Aussehen:	Unverwechselbar die roten Punkte auf der dunklen Oberseite, Bauchseite weiß. Etwa 25 bis 40 cm lang, kann bis zu 7 kg Gewicht erreichen.
Vorkommen:	Die wichtigsten Fanggründe befinden sich in der westlichen Ostsee und der Nordsee.
Familie:	Gehört zur Familie der Plattfische, der eine Vielzahl verwandter Arten angehören.
Gehalt:	83 kcal/348 kJ, 17,1% Eiweiß, 0,8% Fett, viel Natrium, Kalium und Vitamin B1.
Angebot:	Im Ganzen, Filets, kleine Schollen auch geräuchert.
Saison:	Anfang Dezember bis Ende April.
Info:	Im Frühsommer wird ein großes Tamtam um die sogenannte Maischolle gemacht, das sollen ursprünglich ganz junge Exemplare sein. Das stimmt nicht: diese Fische sind mindestens zwei Jahre alt und haben schon einmal abgelaicht.
Tipp:	Über die richtige Art und Weise, Schollen zu braten lässt sich trefflich streiten. Wir raten zu folgender: Kopf abschneiden, Innereien, vor allem Blutreste in der Höhlung hinter den Kiemen entfernen. Gründlich abspülen und trockentupfen. Mit etwas Mehl bestäuben, abklopfen, salzen und pfeffern. Butter erhitzen und den Fisch mit der dunklen Seite nach unten hineinlegen. Bei nicht zu großer Hitze braten, bis der äußere Rand der Scholle braun wird, dann wenden. Eventuell erneut Butter dazugeben. Die helle Seite des Fisches so lange braten, bis sie knusprig braun ist. Dazu Kartoffelsalat reichen.

Schollenfilets in Speckbutter auf Pfifferlingen

➤ **Zutaten (4 Personen)**

2 Schollen à 500 g (vom Fischhändler häuten und filetieren lassen)
200 g kleine Pfifferlinge
2 fein gehackte Schalotten
60 g Butter
Salz, Pfeffer
50 g geschlagene Sahne
2 EL Schnittlauchröllchen
60 g fein gewürfelter Speck
4 Kerbelzweige

➤ **Zubereitung:**

Die Filets waschen und auf einem Tuch trocknen. Pilze putzen, waschen und trockentupfen. In einer großen Pfanne die Schalotten mit der Hälfte der Butter anschwitzen, Pfifferlinge dazugeben, mit Salz und Pfeffer würzen, gut durchschwenken. Sahne mit Schnittlauchröllchen unterheben und abschmecken. In einer anderen Pfanne Speckwürfel in der restlichen Butter auslassen. Schollenfilets salzen, pfeffern und in der Speckbutter von beiden Seiten braten. Zum Anrichten Pfifferlinge in die Mitte je eines Tellers geben, mit der aufgeschäumten Sauce umgießen und die Schollenfilets darauf setzen. Mit einem Kerbelzweig dekorieren.

SEEHECHT (Merluccius merluccius)

E: hake, F: merlu, G: bacaliaros, I: nasello,
P: pescada branca, S: merluza

Zubereitung: Braten, Pochieren. Gefüllt lässt der Seehecht sich gut für größere Essen aufschneiden, für die Füllung nimmt man am besten eine Lachsfarce. Unsere französischen und spanischen Nachbarn essen ihn statt des inzwischen raren Kabeljaus. In Japan wird er roh für Sushi verwendet.

Geschmack: Weißes mageres Fleisch, sehr fein, nicht sehr charakteristisch.

Aussehen: Ein Raubfisch mit sehr kräftigen Zähnen, der sich von Makrelen und Heringen ernährt. Er wird bis zu 1,35 m lang und dann bis zu 15 kg schwer. Sein Körper ist lang und spitz.

Vorkommen: Bei uns gibt es nur eine Sorte, die nur in geringen Mengen angeboten wird. In immer größerer Masse kommen aber Seehechtfilets auf den deutschen Markt, die vor Südamerika gefangen wurden.

Familie: Es gibt weltweit 13 Arten, die wirtschaftlich eine große Rolle spielen. Sie gehören zur Schwesterfamilie der Dorschfische.

Gehalt: 84 kcal/350 kJ, 17,2% Eiweiß, 0,9% Fett.

Angebot: Im Ganzen, Filets. Kommt vorwiegend in Form von Fischstäbchen in den Handel.

Saison: Sommer, besonders Juni und Juli.

Info: Seehecht hat einen durchschnittlichen Marktanteil an den wichtigsten Speisefischen von 5,9%, der Hering bringt es auf 22%.

Tipp: In den mediterranen Ländern wird er auch getrocknet als Stockfisch angeboten. Durch das Fangen mit Schleppnetzen im Mittelmeer gilt er dort als überfischt.

Seehecht gefüllt mit Lachsforellenmousse

➤ **Zutaten (4 Personen)**

FÜR DIE MOUSSE:

300 g Lachsforellenfilet (ersatzweise Lachsfilet)
20–30 Spinatblätter (glatte Blätter)
Salz
1 kg küchenfertiger Seehecht, (vom Fischhändler vom Rücken her entgrätet)
Pfeffer, 50 g Butter, 1 Schuss Pernod, etwas trockener Weißwein, 100 g Schmand
1 l Fischfond (Rezept s. S. 15, oder aus dem Glas)

➤ **Zubereitung:**

Lachsforellenfilet im Mixer pürieren und durch ein feines Sieb streichen. Im Gefrierfach 30 Minuten anfrieren. Spinatblätter in Salzwasser blanchieren, herausnehmen und gut abtropfen lassen. Den Seehecht abspülen, mit Salz und Pfeffer würzen und mit den Spinatblättern auslegen. Das Fischpüree aus dem Gefrierfach nehmen, mit der Butter noch einmal durchmixen. Mit Salz, Pfeffer, Pernod und Weißwein abschmecken. Den Schmand unterrühren und wieder abschmecken. Den Seehecht mit der Mousse vorsichtig füllen. Den Fisch zusammenklappen. In ein Küchentuch wickeln und mit Garn wie eine Wurst umwickeln. Den Fond in einem Fischtopf erhitzen, bis er siedet, nicht kocht. Den Fisch darin 25 Minuten ziehen lassen. Den Fisch herausnehmen, auswickeln, in Scheiben schneiden. Dazu passt eine Dillsauce (siehe Seite 93) und Reis.

SEELACHS/KÖHLER (Pollachius virens)

E: saith, F: lieu noir, I: merluzzo nero, P: escamudo,
S: carbonero

Ersatz:	Kabeljau, Rotbarsch, Seehecht, Schellfisch.
Zubereitung:	Vor allem paniert gebraten, ein klassischer »Alltags«-Fisch, der gedünstet und gebraten schmeckt. Als Stockfisch getrocknet, wird er gern in südlichen Ländern verzehrt.
Geschmack:	Würzig und kräftig.
Aussehen:	Perlgrau mit schwarzer Schnauze, der er auch den Namen Köhler verdankt. Wird bis zu 70 cm lang.
Vorkommen:	Nordatlantik, Biskaya bis Grönland.
Familie:	Gehört zu den Dorschfischen, er ist ein enger Verwandter des Kabeljaus und wie er ein für die Fischwirtschaft wichtiger Fisch. Andere Namen: Blaufisch, Kohlfisch, Steinköhler.
Gehalt:	88 kcal/368 kJ, 18,3% Eiweiß, 0,8% Fett, viel Kalium, Phosphor, Eisen, Vitamine A und B.
Angebot:	Frisch und tiefgekühlt als Filets im Handel, preiswerter Fisch. Vor allem als Lachsersatz (gesalzen, rot gefärbt und in Öl eingelegt) bekannt.
Saison:	Das ganze Jahr über erhältlich.
Info:	Trotz seines Namens ist er mit dem Lachs weder verwandt noch verschwägert.
Tipp:	Sein graues frisches Fleisch sieht nicht appetitanregend aus, beim Braten wird es jedoch schneeweiß und ähnelt sehr dem gebratenen Rotbarschfilet.

Gedünsteter Seelachs mit Estragonsauce

➤ **Zutaten (4 Personen)**

800 g Seelachsfilet
Salz
300 g Sahne
50 g Butter
300 ml Hühnerfond
1 TL getrockneter Estragon
1 Spritzer Zitrone
4 EL gehackter frischer Estragon
50 ml trockener Wermut (z.B. Noilly Prat)
Öl für den Fischeinsatz

➤ **Zubereitung:**

Den Fisch in 4 Stücke aufteilen und salzen. Den Fischeinsatz ölen, damit der Fisch sich nach dem Kochen besser abheben lässt. So viel Wasser in den Fischtopf gießen, bis der Fischeinsatz kaum bedeckt ist. Das Wasser kräftig salzen. Für die Sauce die Sahne, Butter, Fond und getrockneten Estragon in einem Topf erhitzen und um die Hälfte reduzieren. Mit Salz und Zitrone abschmecken und beiseite stellen.

Den Fisch auf den Fischeinsatz legen, das Wasser aufkochen lassen und den Einsatz in den Topf hängen. Den Fisch zugedeckt acht Minuten köcheln lassen. Inzwischen die Sauce wieder erwärmen und den frischer Estragon dazugeben. Fisch mit Sauce und Salzkartoffeln servieren.

SEETEUFEL (Lophius piscatorius)

E: anglerfish, F: lotte de mer, baudroie, G: peskantritsa, I: rana pescatrice, P: tamboril, S: rape

Ersatz:	Seehecht, Steinbeißer, Petersfisch.
Zubereitung:	Mit Gemüse und Weißwein schmoren, Würfeln, in Ei wenden und ausbacken, kleinere Exemplare braten. Medaillons in Butter kurz braten. In jedem Fall muss immer die äußere, lederartige Haut abgezogen werden, was relativ einfach gelingt.
Geschmack:	Feines, festes Fleisch von vorzüglichem Aroma. Bis auf die Wirbelsäule grätenfrei. Er gilt als exquisite Delikatesse.
Aussehen:	Stark abgeplatteter, kegelförmiger Fisch, dessen Kopf fast die Hälfte der Körperlängsachse einnimmt. Die Rückenflosse ist in einzelne Stacheln aufgelöst. Länge bis zu 2 m, durchschnittlich bis 1 m, olivbraune bis schwarze Hautfarbe.
Vorkommen:	Von der südwestlichen Barentssee bis nach Gibraltar, einschließlich Mittelmeer und Schwarzes Meer. Hauptfanggebiet ist der Nordatlantik.
Gehalt:	72 kcal/301 kJ, 14,9% Eiweiß, 0,7% Fett, hoher Natriumgehalt.
Angebot:	Meist wird nur das Schwanzstück angeboten. Der teure Edelfisch hat wenig Abfall.
Saison:	Wird fast ganzjährig angeboten. Der Seeteufel laicht zwischen März und Mai.
Info:	Er gehört zur »geheimen« Aaspolizei der Weltmeere. Sein riesiges Maul macht ihn zum hässlichsten Fisch der Meere. Er frisst alles, was ihm in die Quere kommt. Auf den Speisekarten guter Restaurants wird er oft als Lotte oder Baudroie geführt.
Tipp:	Auf absolute Frische achten. Das Fleisch hält nicht lange und verdirbt sehr schnell. Sollte es intensiv riechen: Finger weg! Direkt vom Fischhändler küchenfertig machen lassen, und diesem dabei auf die Finger schauen: Denn der Fischexperte darf weder braunes Fleisch noch Blutgerinnsel am Fisch belassen.

Seeteufel à la Scherrer

➤ **Zutaten (4 Personen)**

800 g Seeteufelmedaillions
Salz
50 g Butter
Mehl zum Wenden
Öl zum Braten

FÜR DIE SAUCE:
1 kleine Zwiebel, 4 EL Olivenöl, 1 kleine
Dose Tomaten
1 Thymianzweig
1 Oreganozweig
200 g Sahne
100 ml trockener Wermut (z.B. Noilly Prat)
Salz, Pfeffer, Zucker
4 EL geschlagene Sahne

➤ **Zubereitung:**

Für die Sauce Zwiebel schälen, in Ringe schneiden
und in Olivenöl andünsten. Alle Zutaten außer der
Sahne dazugeben und aufkochen. Sauce auf die Hälfte
einkochen lassen, durch ein Sieb passieren, im Topf
warm stellen. Kurz vor dem Servieren die Schlag-
sahne unterheben, sodass sie weiße Schlieren in der
Sauce bildet.

Öl in der Pfanne erhitzen. Fischmedaillions im Mehl
wenden, salzen und im Öl von beiden Seiten je zwei
Minuten braten. In einer zweiten Pfanne die Butter
erhitzen und die Fischstücke darin noch einmal für
1 Minute schwenken. Saucenspiegel auf die Teller
gießen, die Seeteufelstücke darauf setzen. Dazu passt
Spinat und Wildreis.

SEEZUNGE (Solea solea)

	E: sole, F: sole, G: glossa, I: sogliola, P: linguado legitimo, S: lenguado
Ersatz:	Scholle, Rotzunge, Filets von Goldbrasse, Rotbarbe, Petersfisch.
Zubereitung:	Am besten sanft in Butter gebraten – da bleibt der Fisch und sein herrlicher Geschmack am besten erhalten. Es gibt hunderte von Rezepten, die Köche sind rein vernarrt in diesen Superfisch, weil man ihn gut verarbeiten kann und er sich relativ lange frisch hält. Der Pellaprat, Bibel der Köche, listet 61 Zubereitungen auf.
Geschmack:	Ein feiner, leichter Hauch von Fisch, festes, weißes Fleisch – wenn nicht der feinste Seefisch überhaupt.
Aussehen:	Zwischen 24 und 60 cm, die erste Größe ist natürlich zu klein – für die Fortpflanzung sind diese Fische noch zu jung, deshalb dürften sie auch nicht gefischt werden. Immer wieder wird versucht, Rotzungen wegen ihres ähnlichen Aussehens als die wesentlich teureren Seezungen zu verkaufen.
Vorkommen:	Seezungen werden in besonders guter Qualität vor der Normandie gefangen, die dann über einen großen Gastro-Lieferanten leider nur in den Töpfen guter Restaurants landen. Sie wird auch in der Nordsee, in der westlichen Ostsee, im Ärmelkanal und im Mittelmeer gefangen.
Gehalt:	Viel Eiweiß, wenig Fett, viel Phosphor und Eisen.
Angebot:	Im Ganzen und als Filets.
Saison:	Die Seezunge ist das ganze Jahr über erhältlich. Seezungen-Kenner schwören, dass sie im April und Mai besonders gut schmecken, weil sie sich in dieser Zeit in Gewässern mit besonders viel Algen aufhalten.
Info:	Wenn Sie die Seezungen selber enthäuten wollen: Die dunkle Seite nach oben, den Kopf hinter den Kiemen abschneiden. An der äußersten Spitze des Fisches ein Messer möglichst dicht unter die Haut schieben und mit einem »Ratsch« die ganze Haut Richtung Schwanz abziehen.

Seezunge gebraten mit Kerbelbutter

➤ Zutaten (4 Personen)

4 küchenfertige Seezungen à 500 g
Salz
100 g Butterschmalz
Mehl zum Bestäuben
100 g Butter
1 TL Limonensaft
1 Bund kleingehackter Kerbel

➤ Zubereitung:

Backofen auf 180° vorheizen.

Fische abspülen, trockentupfen, salzen und leicht mehlieren. In der Pfanne das Butterschmalz erhitzen und die Seezungen von beiden Seiten goldbraun anbraten. Im Backofen (Mitte, Umluft 160°) 5 Minuten weiterbraten. Aus der Pfanne das Bratfett abgießen, die Butter zugeben und schmelzen lassen. Leicht salzen, Limonensaft zufügen und den gehackten Kerbel unterrühren. Seezungen in der Kerbelbutter wenden. Zum Anrichten die Seezungen auf vier Teller geben, dazu Spargel, Kartoffeln und die restliche Kerbelbutter reichen.

Tipp: Wenn Sie die Seezunge auf dem Teller zerteilen, müssen an der Mittelgräte, von der das Fleisch entfernt wurde, kleine blutrote Äderchen zu sehen sein. Dann handelt es sich um eine wirklich frische Seezunge und keine Tiefkühlware.

STEINBEISSER (Anarchias Lupus)

E: atlantic catfish, wolf fish, F: loup de mer, loup du nord, I: lupa di mare, P: peixe lobo riscado, S: perro del norte, lobo

Zubereitung:	Passt gut zu Fischtöpfen oder Edelfischragout. Kann wegen seines geringen Eigengeschmacks mit anderen Fischen gut kombiniert werden und schmeckt auch paniert gebraten. Wegen seines Fettgehalts kann er auch geräuchert werden.
Geschmack:	Sehr begehrter Speisefisch, fettes, festes, weißes Fleisch, erinnert ein wenig an Rotbarsch.
Aussehen:	Bläuliche Färbung mit dunklen Querstreifen. Ein etwas bulliger, kantiger Kopf, durchgehende, stachelstrahlige Rückenflosse, glatte Haut ohne Schuppen. Wird bis zu 1,2 m lang und bis zu 12 kg schwer.
Vorkommen:	Im Nordatlantik, von Grönland bis Cape Cod, von der Nordsee über Island und Grönland bis zum Weißmeer, wird auch im Kattegatt (Ostsee) gefangen.
Familie:	Familie der Anarhichadiae mit fünf Arten, wovon zwei wertvolle Speisefische sind.
Gehalt:	96 kcal/402 kJ, 15,8% Eiweiß, 3% Fett, viel Natrium, Vitamin E und B1.
Angebot:	Frisch oder gefroren, im Ganzen ohne Kopf, Kotelett oder Filet. Stets ohne Kopf und Haut.
Saison:	Wird nur als Beifang gefangen, daher keine besonderen Zeiten.
Info:	Fischhändler sind mit der Qualität der Fänge in den letzten Jahren nicht so ganz zufrieden, weil er oft fischig riecht, was wiederum mit seinem Fettgehalt zusammenhängen kann.
Tipp:	Ein Fisch mit vielen verwirrenden Namen, wird auf Speisekarten gern als Seewolf (Loup de mer, siehe Seite 60) geführt, was zu großen Irrtümern führt, denn das ist ein ganz anderer Fisch. Wird auch manchmal als Katfisch bezeichnet, das führt zu Verwechslungen mit dem amerikanischen Catfish, das ist die US-Version des Wels/Waller.

Steinbeißer auf Kartoffelgemüse

➤ **Zutaten (4 Personen)**

> 500 g Kartoffeln, Salz, 4 Möhren, 8 Stangen
> Lauch, 1 Zwiebel, 2–3 Knollen Fenchel
> 180 g geklärte Butter
> Pfeffer
> 150 ml Weißwein
> 400 ml Fischfond (aus dem Glas)
> 1 TL Rosmarin
> 800 g Steinbeißer in 4 gleich großen Stücken
> Mehl zum Wenden

➤ **Zubereitung:**

> Kartoffeln schälen, in 2 mm dicke Scheiben schneiden, waschen und in Salzwasser blanchieren. Möhren schälen, in feine Stifte schneiden. Lauch waschen und in feine Ringe schneiden. Zwiebel pellen und fein würfeln. Fenchel quer in dünne Scheiben schneiden. Gemüse mit den abgetropften Kartoffeln in 100 g geklärter Butter anschwitzen, mit Salz und Pfeffer würzen, mit dem Wein ablöschen und mit dem Fischfond auffüllen. Rosmarinnadeln zufügen. Flüssigkeit auf ein Drittel einkochen lassen. Den Backofen auf 200° vorheizen.
>
> In der Zwischenzeit Steinbeißer trockentupfen, im Mehl wenden und mit Salz und Pfeffer würzen. In der restlichen Butter von allen Seiten anbraten. Kartoffelgemüse in eine backofenfeste Form geben, den Fisch in der Mitte des Gemüses anrichten.
>
> Gemüse und Fisch im Ofen (Mitte, Umluft 180°) 8 Minuten garen. In der Form servieren.

S TEINBUTT (Psetta maxima)

E und F: turbot, G: kalkani, I: rombo chiodato, P: pregado, S: rodaballo

Ersatz:	Seezunge, Scholle, Rotzunge.
Zubereitung:	Er eignet sich für alle Zubereitungsarten. Besonders empfehlenswert: Im Ganzen im Ofen gegart, allerdings nicht zu lange, da das delikate Fleisch sonst beim Servieren zerfällt.
Geschmack:	Eine Delikatesse, die sich mit der Seezunge einen unentschiedenen Wettstreit um den besseren Geschmack liefert. Das Fleisch ist weiß, fest, von einem leicht nussigen, unverwechselbaren Geschmack.
Aussehen:	Fast kreisrund, bis zu max. 1 m Länge und 25 kg Gewicht. Wird im Handel mit bis zu 1 kg oder bis zu 4 kg Gewicht angeboten. Seine flache Oberseite ist anthrazitfarben, gelegentlich auch braun, mit den charakteristischen kleinen Höckern auf der Haut, die ihn als »Stein«-Butt ausweisen. Die Unterseite ist hell.
Vorkommen:	Lebt in allen europäischen Meeren von Island bis Marokko, einschließlich der Ostsee, des Mittelmeers und des Schwarzen Meers. Hauptfanggebiet ist der Nordatlantik.
Familie:	Gehört zur großen Familie der Plattfische.
Gehalt:	90 kcal/376 kJ, 16,7% Eiweiß, 1,8% Fett, wenig Cholesterin.
Angebot:	Im Ganzen und als Filets.
Saison:	Schmeckt in den Wintermonaten am besten. Im Frühjahr ist beim Kauf vorsicht geboten, da er u.U. zur Hälfte aus Rogen oder Milch besteht. Ist ganzjährig erhältlich, da er auch in Zuchtfarmen gezogen wird.
Tipp:	Sogenannte Babysteinbutts von bis 600 g Gewicht entbehren des typischen Geschmacks, wohingegen die »Hotel«-Steinbutts, von einer Grösse über 3 kg zwar am besten schmecken, jedoch noch teurer sind.

Steinbutt im Reisblatt
auf thailändischem Spargel

➤ **Zutaten (4 Personen)**

500 g Steinbuttfilet, 100 g Sahne, 100 ml
weißer Portwein, Salz, Pfeffer, 4 Reisblätter à
22 cm Ø (aus dem Asienladen), 4 Basilikum-
blätter, Olivenöl und Butter zum Braten

FÜR DIE SAUCE:

100 ml Wein, 150 ml Fond, 1 Spritzer Sesam-
öl, 1 Spritzer trockener Wermut (z.B. Noilly
Prat), 1 Spritzer Zitronensaft, 1 EL Basilikum-
blätter, 1 Stängel Zitronengras, Salz, Pfeffer
120 g Butter

SPARGEL:

250 g thailändischer Spargel (ersatzweise
grüner Spargel), Salz, 30 g Butter

➤ **Zubereitung:**

Den Fisch in fünf Portionen aufteilen. Eine Portion
klein schneiden, mit Sahne und Port zu einer Farce
mixen. Mit Salz und Pfeffer abschmecken. Backofen
auf 200° vorheizen. Reisblätter in Wasser einweichen,
trockentupfen und leicht mit Farce bestreichen. In die
Mitte ein Basilikumblatt geben, je ein Fischstück darauf legen und fest einwickeln. In der Pfanne in Öl
und Butter anbraten, herausnehmen und im Ofen
5 Minuten weiterbraten. Für die Sauce alle Zutaten bis
auf die Butter aufkochen. Das Zitronengras herausnehmen und die Sauce mit der Butter aufmontieren.
Spargel schälen, putzen, in Salzwasser garen. Spargel
abgießen und in Butter schwenken. Die Fischstücke
auf Teller geben, mit einem Fächer Spargel umlegen
und die Sauce angießen.

STÖCKER (Trachurus Trachurus)

E: horse mackerel, F: chinchard, I: suro, sugarello,
S; chicharro, jurel

Zubereitung:	Grillen, im Ofen backen. Zum Dünsten und Schmoren nicht geeignet.
Geschmack:	Zartes Aroma, fettes, aber feines Fleisch.
Aussehen:	Langgestreckter Fisch von rund 30 cm Länge, große Schuppen in der Seitenlinie, sonst schuppenfrei. Grüner bis bläulich gefärbter Rücken und silbrig glänzender Bauch.
Vorkommen:	Von Island bis zu den Küsten Südafrikas.
Familie:	Gehört zu der Schild-, Stachel- oder Pferdemakrele, Fische von sehr unterschiedlicher Gestalt, über 140 Arten.
Gehalt:	94 kcal/393 kJ, 19,1% Eiweiß, 1,8% Fett, viel Kalium, wenig Natrium, sehr viel Kalzium.
Angebot:	Als Frischfisch, geräuchert im Ganzen oder als Konserve. Stöcker wird auch als Holzmakrele oder Bastardmakrele angeboten.
Saison:	Als sogenannter »Billigfisch« das ganze Jahr über erhältlich.
Info:	In den 90er Jahren stiegen die europäischen Fänge auf über 500 000 Tonnen. Bei uns erfreut sich der Stöcker erst seit einigen Jahren steigender Nachfrage.
Tipp:	Mit anderen Kleinfischen zusammen gebraten schmeckt der Stöcker besonders gut.

Kleine Bratfische mit Kartoffelsalat

➤ **Zutaten (4 Personen)**

500 festkochende Kartoffeln
Je 4 Stöcker, Sardinen und kleine Heringe
(küchenfertig ausgenommen, ohne Kopf)
Salz, Pfeffer
2 EL Weinessig
2 EL Olivenöl
2 EL Traubenkernöl
Zitronenviertel
Öl für das Backblech oder Backpapier

➤ **Zubereitung:**

Kartoffeln waschen und in der Schale in 20-30 Minuten gar kochen, je nach Größe. Inzwischen die Fische abspülen, die letzten Gräten mit der Pinzette entfernen. Fische mit Salz und Pfeffer würzen. Backblech fetten oder mit Backpapier belegen. Den Backofengrill einschalten.

Aus Essig, den beiden Ölsorten, Salz und Pfeffer eine Vinaigrette rühre. Die Kartoffeln schälen, in Scheiben schneiden und mit der Vinaigrette vermengen. Die Fische in vier Minuten knusprig grillen. Mit dem Kartoffelsalat servieren. Zitronenviertel dazureichen.

TUNFISCH (Thunnus Thynnus)

E: bluefin tuna, F: thon rouge, G: tonnos, I: tonno,
P: atum rabilho, S: atún

Zubereitung: Am besten roh genießen oder nur leicht angebraten. Auch braten oder grillen – aber dabei verliert er an Wohlgeschmack. Leider landet ein Großteil der Fänge in der Dose.

Geschmack: Erinnert an zartes Kalbsfilet, fühlt sich auf der Zunge an wie Marzipan, schmeckt mild nach Salz – einer der schmackhaftesten Fische überhaupt. Wenig Gräten.

Aussehen: Wird bis zu 3 m lang bei maximal 300 kg Gewicht, Spitzenexemplare werden bis zu 30 Jahre alt und 500 kg schwer. Spitze Rückenflosse, nur teilweise Schuppen, gedrungene, aber elegante Körperform. Das Fleisch ist hell- bis dunkelrot, je nach Art und Körperpartie von der es stammt.

Vorkommen: Nordsee, westliche Ostsee, Nordatlantik, Mittelmeer, Pazifik.

Familie: Es gibt mehrere Sorten, z. B. den gestreiften Tun, der in Japan sehr beliebt ist. Er wird auch gern mit seinem engen Verwandten, dem Bonito verwechselt – aus Preisgründen muss der Bonito als solcher gekennzeichnet werden.

Gehalt: 171 kcal/714 kJ, 23,5% Eiweiß, 8% Fett, kein Cholesterin, extrem hoher Vitamin-A-Anteil.

Angebot: Im Ganzen und als Filet.

Saison: Laichzeit im Sommer.

Info: Die Rotfärbung des Fleisches sagt viel über seine Qualität: Dunkelrot mit weißen Sehnen dazwischen – geringe Qualität. Je heller das Fleisch – also fast rosa – und gleichmäßiger strukturiert, umso höher ist der Fettgehalt und der Wohlgeschmack.

Tipp: Am besten roh essen – am Tage des Kaufs verzehren - nur mit eingelegten Ingwer und japanischem Meerrettich (Wasabi) genießen.

Tunfisch im Tempurateig

Nach einem Rezept von Axel Henkel, Restaurant Zeik, Hamburg

➤ **Zutaten (4 Personen)**

>2 Nori-Algenblätter (20 x 20 cm, aus dem Asienladen)
>8 EL Tempuramehl (Asienladen)
>1 Msp. Natron
>Eiswasser
>Sehr gutes Pflanzenöl zum Frittieren
>4 Tunfischfilets (à 2 cm dick)
>4 EL Sojasauce
>2 TL Wasabi (Asienladen)

➤ **Zubereitung:**

>Die schwarzen Algenblätter gut anfeuchten und in der Mitte halbieren. Tempuramehl mit Natron und so viel Eiswasser (max. 1 Tasse) verrühren, dass ein dickflüssiger Teig entsteht. Öl in einem Topf erhitzen. Tunfischfilets in je ein halbes Noriblatt einrollen, in Mehl wenden, an den Enden in den Tempurateig tauchen und in heißem Öl frittieren, bis sie hell angebräunt sind. Nach 1 Minute herausnehmen und in fingerdicke Scheiben schneiden. Außen sollen die Röllchen knusprig, der Fisch aber innen noch roh sein. Sojasauce mit Wasabi verrühren und die Tunfischscheiben vor dem Essen hineintauchen.

E: cuttlefish, F: seiche, sèche, I: seppia, seppiola,
S: sepia, choco

Zubereitung:	Sein Schicksal ist die Fritteuse, in die er meist paniert gelangt, dabei ist er ein äußerst vielseitiger Fisch, dessen Fleisch aber am besten gegrillt oder gebraten schmeckt. Eingelegt schmeckt er als Salat wunderbar, die Japaner genießen ihn gerne roh, die Spanier mariniert in Essig und der Rest der Welt leider paniert. Im mediterranen Raum gibt es viele leckere Rezepte, hier ist er auch am beliebtesten.
Geschmack:	Sehr neutral, sehr festes Fleisch je größer der Fisch. Kleine Tintenfische schmecken würzig nach Sepia-Tinte.
Aussehen:	Ihre Größe reicht von 3 cm bis 10 m, einst der Schrecken der Seefahrer, denn sie sollen mit ihren langen Saugarmen gar manch großes Seeschiff mit Mann und Maus in die Tiefe gezogen haben, so berichtet es das sogenannte Seemannsgarn.
Familie:	Es gibt in den Nordmeeren über 40 Arten. Bei uns herrscht der Nordische Kalmar und der kleine Krake vor. Sie stammen aus der Familie der Kopffüßler.
Gehalt:	Sehr geringer Fettanteil, extremhoher Natriumanteil, viel Vitamin E.
Saison:	Als TK-Ware das ganze Jahr verfügbar
Info:	Es gilt die Regel: Die größten schmecken nicht am besten, kleine Tintenfische schmecken besser.
	Diese Fischfamilie hat eine enorme wirtschaftliche Bedeutung, über 3 Millionen Tonnen werden alljährlich gefangen. Besonders für Fertiggerichte wird er immer mehr verwendet.
Tipp:	Kleine Tintenfische sind schwer zu bekommen, meist gibt es in der TK-Abteilung »Tintenfische à la Romana«. Dabei handelt es sich um sehr große panierte Tintenfischringe von hartnäckig-gummiartiger Konsistenz, deshalb von Kindern gelegentlich heißgeliebt.

Kleine gebratene Tintenfische

➤ **Zutaten (4 Personen)**

24 kleine Tintenfische
Mehl
100 ml Olivenöl
Salz, Pfeffer
1 Knoblauchzehe
Zitronensaft

➤ **Zubereitung:**

Die Tintenfische abspülen, trockentupfen und in Mehl wenden. Salzen und pfeffern. Knoblauchzehe schälen, putzen und klein schneiden. Öl in einer Pfanne erhitzen. Sobald das Öl ein wenig raucht, sofort die Tintenfische in die Pfanne geben und die Hitze runterschalten. Knoblauch dazugeben. Braten, bis die Tintenfische knusprig braun sind. Herausnehmen, auf Küchenpapier abtropfen lassen und sofort servieren. Mit Zitronensaft beträufeln.

V VENUSMUSCHEL (Venerida)

E: venus' shell, F: palourde, praire, I: vongola dura,
S: almeja

Zubereitung: Diese Muscheln schmecken gekocht – mit Wein, Knoblauch und Tomaten. Aber auch als Suppe, wofür die kleineren (tellina) verwendet werden. Man kann Venusmuscheln auch überbacken oder die etwas größeren Muscheln (Vongole verace) wie Austern roh verzehren. In Form der »Spaghetti vongole« sind Venusmuscheln auf der Speisekarte jedes italienischen Restaurants zu finden.

Geschmack: Kräftiger Meergeschmack, leicht nussig.

Aussehen: Die Venusmuschel hat braune Schalen mit konzentrischen Streifen, die wie ein Keil geformt sind. Die Muschel hat einen Durchmesser von 3,5–8 cm.

Vorkommen: In den sandigen Bereichen des Mittelmeeres, vor allem in Küstennähe.

Familie: Gehört zur Familie der Cardiiae, mit mehr als 500 Arten, einige kommen in den norddeutschen Wattenmeeren vor.

Gehalt: Geringer Fettanteil, viele Mineralstoffe.

Angebot: Es gibt nur Importware, vorwiegend aus Italien, die frisch in 1-Kilo-Säckchen angeboten wird.

Saison: Ganzjährig im Angebot.

Tipp: Der Genuss dieser Meeresfrucht wird Sie immer wieder in die Atmosphäre eines Urlaubs am Mittelmeer versetzen.

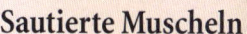

Sautierte Muscheln

➤ **Zutaten (4 Personen)**

1 kg Venusmuscheln
4 EL Olivenöl
1 fein gehackte Knoblauchzehe
200 g Tomatenwürfel
2 EL gehackte Petersilie
Pfeffer

➤ **Zubereitung:**

Die Muscheln unter fließendem Wasser gründlich reinigen, die geöffneten aussortieren. Olivenöl in einem großen Topf erhitzen, Knoblauch, Muscheln und Tomaten dazugeben. Zudecken und garen. Nach einigen Minuten den Topf kräftig durchschütteln, damit alle Vongole gleichmäßig garen. Jetzt müssen sich die Muscheln geöffnet haben. Nicht geöffnete Exemplare entfernen. Auf einer großen Platte anrichten.

WALLER/WELS (Silurus Glanis)

E: wels, catfish, F: silure, G: goulianos, I: siluro europeu,
S: siluro

Ersatz:	Karpfen, Schleie.
Zubereitung:	Braten oder Grillen, um das Fett durch die große Hitze auszubraten. Nach der Laichzeit und im Spätherbst ist der Fisch magerer, dann kann er auch pochiert oder gedünstet werden. Wird auch geräuchert angeboten. Das feste weiße Fleisch ist fast grätenlos.
Geschmack:	Schmeckt gebraten fast wie Tunfisch oder Kalbfleisch, sehr saftig und wohlschmeckend, erinnert nur schwach an Fisch. Kräftige Fleischstruktur.
Aussehen:	Im Querschnitt drehrunder Körper, blauschwarze schleimige Haut ohne Schuppen, am Bauch etwas heller. Breiter Kopf mit 6 Bartfäden. Wird bis zu 3 m lang und 150 kg Gewicht, kulinarisch nur interessant bis 3 kg. Sein Fleisch hat eine leicht hellrosa Färbung
Vorkommen:	Lebt in den Süßwasserseen Mittel- und Osteuropas, den Zuflüssen des Schwarzen und des Kaspischen Meeres sowie des Aralsees.
Familie:	Raubfisch aus der Familie der welsartigen Fische.
Gehalt:	175 kcal/731 kJ, 15,3% Eiweiß, 11,3% Fett.
Angebot:	Frisch im Ganzen und als Filets im Handel, ohne seinen eindrucksvollen Kopf, in Süddeutschland häufiger im Angebot. Das Fleisch von Exemplaren mit weniger als 3 kg Gesamtgewicht ist nicht ganz so fett und schmeckt besser.
Saison:	Wird als Angelfisch selten gefangen, inzwischen aber in der Aquakultur gezüchtet.
Info:	Waller können bis zu 80 Jahre alt werden. Für viele Angler ist es ein Traum, einmal einen Wels zu fangen.
Tipp:	Junge Welse schmecken am besten, ältere Exemplare können einen tranigen Geschmack haben.

Wallerfilets mit Bratkartoffeln

➤ **Zutaten (4 Personen)**

4 Wallerfilets mit Haut à 150 g
Salz
Pfeffer
Saft einer Zitrone
1 Knoblauchzehe
2 Thymianzweige
2 EL Butter
1 gehackte Schalotte
2 EL gehackte Petersilie
Öl zum Braten

➤ **Zubereitung:**

Die Wallerfilets abspülen und trockentupfen. Mit Salz und Pfeffer würzen. Öl in der Pfanne erhitzen und die Filets auf der Hautseite knusprig anbraten. Die ganze Knoblauchzehe mit Schale und die Thymianzweige mitbraten. Die Butter dazugeben und die Fischstücke mit der heißen Butter übergießen. Die Filets einmal wenden. Knoblauch und Thymian herausnehmen. Die gehackte Schalotte und Petersilie in das heiße Fett geben. Zum Anrichten die Wallerstücke einzeln auf Teller geben, mit der Schalotten-Petersilien-Butter übergießen. Dazu Bratkartoffeln reichen.

ZANDER (Stizostedion Lucioperca)

E: pike perch, F: sandre, I: sandra, P: lucioperca

Ersatz:	Flussbarsch, Forelle.
Zubereitung:	Pochieren, Braten, Grillen, in Salzkruste im Ofen garen, gefüllt. Er ist leicht zu verarbeiten.
Geschmack:	Fast grätenfreies, mageres, zartes, aber doch festes weißes Fleisch. Sehr wohlschmeckend, aber nicht zu dominant.
Aussehen:	Spitz zulaufender Kopf, weshalb er auch Hechtbarsch genannt wird. Silbrig glänzend mit dunklen Querringen. Wird bis zu 1,30 m lang und 10 kg schwer. Handelsüblich sind Tiere von 40–50 cm mit 1–1,5 kg Gewicht.
Vorkommen:	In größeren Seen und Flüssen in Deutschland und ganz Osteuropa nördlich der Alpen und des Balkans bis zum Aralsee. Er stellt hohe Ansprüche an den Sauerstoffgehalt der Gewässer.
Familie:	Gehört zur Familie der barschartigen Fische.
Gehalt:	91 kcal/382 kJ, 19,2% Eiweiß, 0,7% Fett, viel Vitamin B1 und B2.
Angebot:	Frisch und tiefgekühlt, im Ganzen und als Filets.
Saison:	Laichzeit zwischen April und Mai, ganzjährig im Angebot, denn er wird vor allem in Polen gezüchtet. Die Qualität dieser Importe ist aber unterschiedlich.
Info:	In Österreich und Ungarn ein sehr beliebter Speisefisch! Probieren Sie ihn unbedingt, wenn Sie einmal in Ungarn Urlaub machen, man kennt dort sehr viele leckere Zubereitungsarten für den »Fogosch«.
Tipp:	Angler mögen den Zander, denn es bedarf sehr viel Erfahrung, ihn zu fangen. Zander-Jungfische bis zu einer Länge von 40 cm sind aber geschützt und müssen von den Petri-Jüngern wieder ins nasse Element zurückbefördert werden.

Zanderklößchen mit Safran

➤ **Zutaten (4 Personen)**

400 g grätenfreies, sehr gut gekühltes
Zanderfilet, 600 g sehr kalte Sahne
Salz, Pfeffer
1 l Fischfond
250 ml trockener Weißwein
1 Dillzweig, ½ TL Kümmel
1 gehackte Schalotte
20 g Butter
100 ml Rieslingwein
2 cl trockener Wermut
1 cl Anisschnaps
Tabasco
10 Safranfäden

➤ **Zubereitung:**

Das Zanderfleisch mit 400 g Sahne mit dem Mixstab
zu einer Farce verarbeiten. 30 Minuten kalt stellen,
dann durch ein feines Sieb streichen, salzen und pfeffern und wieder in den Kühlschrank stellen.
700 ml Fischfond und 200 ml Weißwein mit Dill und
Kümmel erhitzen. Aus der Farce Klößchen abstechen
und im schwach siedenden Fond ziehen lassen, bis sie
gar sind. Für die Sauce die Schalotte mit der Butter in
einem Topf andünsten, mit dem restlichen Fischfond,
Riesling, Wermut, Anisschnaps und der restlichen
Sahne auffüllen. Auf die Hälfte einkochen lassen. Mit
Salz, Tabasco und Safran abschmecken. Zanderklößchen mit der Sauce auf Tellern anrichten.

FRISCHE FISCHFILETS

Seelachs-Filet

*Rotbarsch-/
Goldbarsch-
Filet*

*Viktoriabarsch-
Filet*

Lachsfilet

Schillerlocke

geräucherte
Makrele

geräucherte
Heilbuttschnitte

Räucherlachs

Graved Lachs

Ölsardinen

Surimi (geformte weiße Fischmasse)

Angebot:

Guter Einkauf erfordert sehr viel Umsicht, es sei denn, man ist bereit, die Phantasiepreise mancher Anbieter zu zahlen. Zu Weihnachten gibt es immer Sonderangebote großer Kaufhäuser, die als Lockangebot dienen – bei guten Preisen sofort zuschlagen.

Zwischen folgenden Kaviarsorten wird unterschieden:

Sevruga:

Fischrogen vom kleinsten Stör, mild gesalzen, kleines Korn, mittel–bis stahlgrau, besonders kräftiges und würziges Aroma.

Ossietra:

festeres Korn, hellere graue Färbung, leicht nussiges Aroma, geschmacklich nicht mit den anderen Kaviar-Sorten zu vergleichen.

Beluga:

Fischrogen vom Beluga-Stör, großes Korn, hellgraue Farbe, sehr feste Körner, der teuerste und feinste.

Imperial:

Spitzensorte, selten mit einem leichten Goldschimmer, wird auch Schah-Kaviar genannt.

Kein echter Kaviar vom Stör, aber eine wohlschmeckende und günstige Alternative ist der großkörnige orange-rote **Lachs-Kaviar**. Dieser ist oft stark übersalzen. Tipp: Vor dem Verzehr in ein Sieb geben und gründlich mit Mineralwasser spülen. Geschmacklich ähnlich, aber kleinkörniger ist der **Forellen-Kaviar**, Rogen der Forelle. Schmeckt frisch und leicht gesalzen deutlich besser als konserviert.

Sägegarnele/Gamba

Cameron

*Freshwater Prawns/
Rosenberg-
Garnele*

Tiger Prawns

Kaisergranat/Scampo

Taschenkrebs

Hummer

Aal: Räucheraal auf Rührei und Schwarzbrot 23
Alaska-Pollack: Wan-Tan-Fischstäbchen 25
Austern: Tartar von Sylter Austern 27

Bouillabaisse mit Doraden 37
Butt: Flunder mit Kartoffelwürfelchen 31

Doraden: Bouillabaisse mit Doraden 37
Dornhai: Schillerlocke mit Räucher-Dressing 29
Dorsch mit Senfsauce 51

Eingelegte Makrele Hikari Mono 63

Felchen: Marinierte Maräne 77
Fischstäbchen: Wan-Tan-Fischstäbchen 25
Fish and chips 67
Flunder mit Kartoffelwürfelchen 31
Flussaal: Räucheraal auf Rührei und Schwarzbrot 23
Flusskrebse klassisch 33
Forellen mit Mandeln überbacken 35

Gebackene Meeräsche aus dem Ofen auf Chablisgemüse 65
Gebeizter Lachsrücken auf Zaren-Art 57
Gebratene Plötze 75
Gebratene Sardinen 89
Gedünsteter Seelachs mit Estragonsauce 99
Goldbarsch: Kalter Rotbarsch 83
Goldbrasse: Bouillabaisse mit Doraden 37
Goldbutt: Schollenfilets in Speckbutter auf Pfifferlingen 95
Hecht: Spreewälder Hechtklößchen 39

Heilbutt: Schwarzer Heilbutt auf Möhrengemüse 41
Hering – Japan meets Bavaria 43
Heringe: Kleine Bratfische auf Kartoffelsalat 109
Heringskönig: Petersfisch mit frischen Gemüsen vom Markt 73
Herzmuscheln in Gemüsesud 45
Holsteiner Kartoffelsuppe mit Krabben 71
Hummer mit Mayonnaise 47

Jakobsmuscheln mit Safran 49

Kabeljau: Dorsch mit Senfsauce 51
Kalter Rotbarsch 83
Karpfen blau 53
Kartoffeln
    Fish and chips 67
    Flunder mit Kartoffelwürfelchen 31
    Holsteiner Kartoffelsuppe mit Krabben 71
    Kleine Bratfische auf Kartoffelsalat 109
    Steinbeißer auf Kartoffelgemüse 105
    Wallerfilets mit Bratkartoffeln 117
Kaviar mit Blinis 55
Kleine Bratfische auf Kartoffelsalat 109
Kleine gebratene Tintenfische 113
Köhler: Gedünsteter Seelachs mit Estragonsauce 99
Krabben: Holsteiner Kartoffelsuppe mit Krabben 71
Krebse: Flusskrebse klassisch 33
Lachs: Gebeizter Lachsrücken auf Zaren-Art 57
Lachsforelle: Seehecht gefüllt mit Lachsforellenmousse 97
Lengfischfilet mit Spinat in Weißweinsauce 59
Limande: Rotzunge auf Müllerin-Art 85
Lotte de mer: Seeteufel à la Scherrer 101

Loup de mer
  Bouillabaisse mit Doraden 37
  Loup de mer in der
    Salzkruste 61

Makrele: Eingelegte Makrele
  Hikari Mono 63
Marinierte Maräne 77
Meeräsche: Gebackene Meeräsche
  aus dem Ofen 65
Merlan: Fish and chips 67
Miesmuscheln
Bouillabaisse mit Doraden 37
Muscheln auf Sauerkraut 69
Möhren: Schwarzer Heilbutt auf
  Möhrengemüse 41
Muscheln
  Herzmuscheln in Gemüse-
    sud 45
  Muscheln auf Sauerkraut 69
  Sautierte Muscheln 115

Nordseekrabben: Holsteiner
  Kartoffelsuppe mit Krabben 71

Petersfisch
  Bouillabaisse mit Doraden 37
  Petersfisch mit frischen
    Gemüsen vom Markt 73
Pfifferlinge: Schollenfilets in
  Speckbutter auf Pfifferlingen 95
Plötze: Gebratene Plötze 75
Pochierter Schellfisch mit
  Dillsauce 93

Räucheraal auf Rührei und
  Schwarzbrot 23
Renken: Marinierte Maräne 77
Rochenflügel auf zwei Gemüsen 79
Rotbarben mit Oliven 81
Rotbarsch: Kalter Rotbarsch 83
Rote Meerbarbe: Rotbarben mit
  Oliven 81
Rotzunge auf Müllerin-Art 85
Saibling im Blätterteig 87
Sardinen
  Gebratene Sardinen 89

Kleine Bratfische auf
  Kartoffelsalat 109
Sauerkraut: Muscheln auf Sauer-
  kraut 69
Sautierte Muscheln 115
Scampi in Pernod 91
Schellfisch: Pochierter Schellfisch
  mit Dillsauce 93
Schillerlocke mit Räucher-
  Dressing 29
Schollenfilets in Speckbutter
  auf Pfifferlingen 95
Schwarzer Heilbutt auf
  Möhrengemüse 41
Seehecht gefüllt mit Lachs-
  forellenmousse 97
Seelachs: Gedünsteter Seelachs
  mit Estragonsauce 99
Seeteufel à la Scherrer 101
Seezunge gebraten mit Kerbel-
  butter 103
Spreewälder Hechtklößchen 39
Steinbeißer auf Kartoffel-
  gemüse 105
Steinbutt im Reisblatt auf
  thailändischem Spargel 107
Stöcker: Kleine Bratfische auf
  Kartoffelsalat 109

Tartar von Sylter Austern 27
Tintenfische: Kleine gebratene
  Tintenfische 113
Tunfisch im Tempurateig 111

Venusmuscheln: Sautierte
  Muscheln 115

Wallerfilets mit Bratkartoffeln 117
Wan-Tan-Fischstäbchen 25
Wels: Wallerfilets mit Bratkar-
  toffeln 117
Wittling: Fish and chips 67
Wolfsbarsch: Loup de mer in der
  Salzkruste 61

Zanderklößchen mit Safran 119

Redaktion: Anne Taeschner
Lektorat: Bettina Bartz
Rezepte: Gertrud Scharbau-Seehusen
Umschlaggestaltung und Layout: Independent Medien-Design,
München
Produktion: Helmut Giersberg
Satz und Layoutrealisierung: Buch & Grafik Design,
Günther Herdin GmbH, München
Titelfoto: Ulrike Holsten
Fischfotografie: Foodfoto Teubner
Reproduktion: Repro Schmidt/Dornbirn
Druck und Bindung: Ludwig Auer GmbH

ISBN 3-7742-3258-X
Auflage 5.   4.   3.   2.
Jahr   2005   04   03